IK 8
906

ALGER.

LES EXEMPLAIRES
NON REVÊTUS DE LA SIGNATURE CI-DESSOUS
SERONT RÉPUTÉS CONTREFAITS.

Se trouve aussi

A LYON,
CHEZ STEYERT, LIBRAIRE.

A VALENCE,
CHEZ JAMONET, LIBRAIRE.

A BESANÇON,
CHEZ MONNOT, LIBRAIRE.

PARIS, IMPRIMERIE DE DECOURCHANT,
Rue d'Erfurth, n° 1, près de l'Abbaye.

ALGER

ET

LES CÔTES D'AFRIQUE,

PAR

A. DE FONTAINE DE RESBECQ.

A PARIS,
CHEZ GAUME FRÈRES, LIBRAIRES,
RUE DU POT-DE-FER, 5.

1837

Introduction.

Un historien que la puissance de son talent a placé si haut dans l'estime des hommes, a dit avec beaucoup de raison qu'on ne connaissait point son temps. « L'époque où nous vivons, écrivait-il, est toujours celle que nous apprécions le moins. Nous nous plaisons à chercher dans l'antiquité des hommes et des faits moins illustres que ceux dont nous sommes entourés. » Ces réflexions paraîtront sages sans doute aux hommes de bon sens, et pour mon compte je les trouve parfaitement dignes d'être adaptées à cette indifférence publique qui n'a point senti quelle grande chose s'était faite au XIXe siècle.

VI

Alger, repaire de brigands assez hardis pour capturer les navires des nations les plus puissantes, assez effrontés pour réclamer des tributs, assez heureux pour les obtenir pendant des siècles, et cela de ceux-là même qui avaient à rougir de leurs moindres rapports avec des pirates; Alger la guerrière, Alger la bien défendue, Alger, prison de tant de martyrs, Alger est tombée, et cela devant une épée qui à peine eut le temps de se montrer tout entière pour être triomphante.

Charles de France, qui avez rejoint votre père saint Louis, recevez le tribut de la reconnaissance que nous vous témoignons comme chrétiens, et voyez quelle fierté votre noble action a mise sur nos fronts. — L'Europe, affranchie d'un odieux tribut, bénit encore cette puissance dont il a plu à la Providence de vous dépouiller; la mer, purgée de pirates, abaisse ses flots paisibles sous les voiles de la France. — L'humanité a triomphé de la barbarie, la croix est victorieuse du croissant. — Les déserts de l'Afrique retentiront des hymnes de foi. La religion, longtemps captive sur une terre désolée, vous proclame son libérateur !

En intitulant notre livre *Alger et les côtes d'Afrique,* nous nous sommes borné à ce qui se rapportait seul à cette Régence. *Géographie, histoire, industrie, commerce,* tout nous a occupé, et notre peine a été souvent allégée en voyant quel avenir pouvait être réservé à notre glorieuse conquête.

Quant au plan que nous avons suivi, il est simple, et il nous a été indiqué par la nature même des choses. Nous croirions n'avoir rien fait pour l'instruction et l'agrément de nos lecteurs, si nous ne leur avions fait connaître aussi *l'histoire, les mœurs, les lois, le gouvernement* d'un pays destiné peut-être à devenir un trésor pour notre France.

Les renseignements que nous avons obtenus nous viennent tous de personnes qui avaient pris part à l'expédition, soit comme militaires, soit comme attachés à l'administration civile. Presque tous les ouvrages publiés avant 1830 ne l'avaient été que d'après les récits d'indigènes, dont les voyageurs comprenaient à peine le langage, et dont le moindre défaut a été encore d'en imposer.

Assez heureux pour être en relation avec des généraux, des ingénieurs et des administrateurs de la Régence, nous avons, sur leurs renseignements, rédigé ce volume, dont tout le mérite se trouve dans l'exactitude des faits qui y sont rapportés.

ALGER.

CHAPITRE 1er.

EXPÉDITION DE 1830.

Beaucoup de personnes ignorent le véritable motif qui causa la guerre d'Alger. La rupture entre les deux États éclata le 27 juin 1827. Pour faire connaître la cause de ce différend, nous remonterons à des faits bien antérieurs au fameux coup d'éventail et qui le provoquèrent, comme on va le voir.

Busnack et Jacob Bacri étaient, il y a une quarantaine d'années, des négociants juifs d'Alger, où ils faisaient un commerce assez considérable. Ils traitèrent avec des agents de la république française pour une fourniture de grains. Ces grains, achetés sur la côte d'Afrique et dans quelques ports d'Italie, furent expédiés à Toulon et consommés par la république, qui refusa de les payer. Les biens des émigrés, les ressources de l'Etat ne suffisaient plus aux dépenses de la république. Bacri réclama souvent, et aucun des différents gouvernements qui lui succédèrent n'y fit attention.

Mais après la chute de l'empire, quoique nos finances fussent dans le plus triste état, la créance ayant été reconnue valable, Bacri reçut 350,000 livres de rente sur l'Etat, et comme il avait des créanciers en France, ceux-ci furent admis à faire valoir leurs droits. Le dey d'Alger était lui-même créancier de Bacri pour 700,000 fr.; il demanda au gouvernement le remboursement de cette créance. La politique de la France s'opposait à ce que cette exigence fût satisfaite; cependant les ministres lui conseillèrent d'en appeler au tribunal de commerce en France. Ce prince ne vit dans cette réponse qu'un déni de justice. Il se prétendit seul juge de Bacri, somma le gouvernement français de lui remettre les sept millions, exigeant que les créanciers français vinssent à Alger faire valoir leurs droits.

Les deys d'Alger sont des parvenus dont les sujets étaient leurs égaux la veille. Hussein n'en décidait pas moins les intérêts les plus graves, les affaires les plus importantes. Dans sa pensée, le roi de France était aussi maître que lui, et il pouvait le faire payer. Deux fois il écrivit à ce souverain, et ses lettres restèrent sans réponse. L'Algérien en accusa notre consul, M. Deval. Dès ce moment il lui témoigna une irritation qui devait éclater à la première occasion.

Cette occasion se présenta bientôt aux fêtes du Bairam. Alors c'est l'usage que les consuls étrangers aillent complimenter le dey au nom de leurs maîtres; à l'heure indiquée, M. Deval se rendit à la Casauba, pour l'accomplissement de ce devoir : c'était le 30 avril 1827. A peine se fut-il présenté devant Hussein, que celui-ci lui demanda ce qu'étaient devenues ses lettres au roi de France; il l'accusa de les avoir perdues, et le somma de lui en rapporter une prompte réponse. Le consul allégua l'impossibilité où se trouvait le roi d'écrire personnellement, ajoutant qu'un roi de France ne pouvait correspondre avec un dey d'Alger. A ce langage, Hussein s'emporta violemment, et au milieu d'un débordement d'invectives, il frappa de son éventail le représentant de la France. « Ce n'est pas à moi, s'écria tout aussitôt M. Deval, que l'insulte a été faite, mais au roi de France qui saura la venger. » Disant cela, il se retira à pas lents de la présence du dey, manifestant beaucoup de calme et de présence d'esprit dans sa démarche, son maintien, l'expression de son visage. On le rappela bientôt en France, et la guerre fut déclarée le 15 juin 1827. Le dey provoqua le premier les hostilités en n'accordant pas la réparation des insultes de ses sujets, qui dès ce moment recommencèrent de plus belle à nous nuire dans les endroits où nous avions des établissements.

Pendant deux ans et demi le blocus ferma, mais d'une manière presque inutile, les ports de la Régence; ce qui nous coûta sept millions par année. Enfin, en 1829, sous le ministère de M. de Polignac, l'expédition fut résolue.

Longtemps elle occupa tous les esprits; la malignité s'en mêla, et l'on se plaisait à répandre le bruit ou que l'expédition n'aurait pas lieu, ou qu'elle ne réussirait pas.

Presque tous les cabinets européens s'empressèrent d'approuver une guerre dont le résultat pouvait les dispenser d'un tribut honteux; l'Angleterre seule fit quelques objections, en demandant ce que la France ferait de sa conquête. On lui répondit noblement, en disant que la France n'avait besoin de personne pour venger son injure et savoir ce qu'elle aurait à faire d'Alger.

Jamais expédition plus noble et plus libérale n'avait été conçue; la prudence et l'habileté y présidèrent à la fois. Rien ne fut épargné pour le bien-être de l'armée; on choisit la saison la plus favorable, et un corps de réserve fut cantonné dans les environs de Toulon. L'effectif total de nos forces s'élevait à trente-huit mille hommes.

Les ministres avaient été pendant quelque temps dans l'indécision sur le choix de la personne qui devait être investie du commandement. Des maréchaux de France, des généraux offraient leurs services; Charles X le confia à M. de Bourmont. L'amiral Duperrey commandait toute la flotte. L'embarquement des troupes, des chevaux et de tout le matériel de l'expédition fut achevé le 19 mai.

Le vent ayant tourné au nord-ouest dans la matinée du 25, et s'étant fixé dans cette direction, l'armée navale se mit en marche à quatre heures de l'après-midi.

Quelques bâtiments-écuries, qui portaient les chevaux de l'état-major général et des batteries de campagne, suivirent le mouvement des vaisseaux de guerre. La flotte se divisa en trois colonnes, avec l'ordre de se rallier à Palma. Le vaisseau amiral rencontra un envoyé turc chargé par le sultan d'offrir la médiation de la Sublime Porte; le comte de Bourmont et l'amiral Duperrey lui firent connaître que leurs ordres précis étaient de se rendre en Afrique et de s'emparer d'Alger.

Favorisé par les vents d'est, on continua à se diriger vers les côtes d'Afrique. Le 30, on signala celle de la Régence; mais le vent avait fraîchi : on n'aurait pu aborder que difficilement. On s'arrêta à Palma. Les officiers qui descendirent à terre en cette circonstance eurent à se féliciter d'avoir visité un des plus délicieux pays du monde; en effet, le climat est on ne peut plus agréable, et la ville de Palma offre des promenades charmantes. On y resta jusqu'au 9.

Nos vaisseaux sillonnaient de nouveau la mer. Le 12 au soir les rivages d'Afrique se montrèrent distinctement aux yeux satisfaits des soldats. Dès le lendemain les canonniers étaient à leurs pièces; une ardeur guerrière animait tous les équipages. On mouilla dans la baie de la presqu'île de Sidi-Ferruch, à cinq lieues d'Alger. Ce fut le 14 que commença le débarquement, qui eût été fort dangereux si les Algériens avaient su défendre cette baie.

Toujours favorisée par un bon vent, la flotte se montra devant Alger.

Du côté de la mer, cette ville, bâtie en amphithéâtre, peut être vue de fort loin; des milliers de spectateurs, dont les yeux inquiets comptaient nos vaisseaux, en couvraient alors les gigantesques gradins.

Hussein, au lieu de s'en épouvanter, s'en réjouit au contraire, en pensant que tout cela allait être son bien. Le temps était calme, ce qui favorisa les manœuvres. D'abord on croyait que la ville et les côtes étaient armées, mais bientôt les signaux du vaisseau amiral apprirent le contraire.

Sur le rivage, d'ailleurs solitaire, se montraient çà et là quelques cavaliers arabes, paraissant prendre plaisir à rendre nos vaisseaux témoins de leur dextérité.

Un bateau à vapeur, *le Nageur*, fut envoyé au rivage pour l'accoster; une batterie, placée sur une hauteur, lui lança quelques bombes qui ne lui firent aucun mal, tandis que les boulets du *Nageur* inquiétaient beaucoup les Algériens, qui cessèrent de tirer.

La presqu'île de Sidi-Ferruch se trouvait à notre gauche; le lendemain on s'en empara. Avec quel plaisir nos soldats se trouvèrent à terre! leur joie était si grande sur ce sol étranger, qu'ils oubliaient pour ainsi dire être en pays ennemi; ils prenaient plaisir à cueillir des fleurs inconnues, qu'ils se montraient avec surprise. Cependant la tranquillité du rivage faisait croire à quelque piége, mais une prudente inspection ne tarda pas à rassurer les plus inquiets. Bientôt s'opéra le débarquement général; mais tout à coup d'étranges sifflements se firent entendre, des Arabes cachés dans les broussailles commencèrent sur nos tirailleurs une vive fusillade; les voltigeurs furent enveloppés par l'ennemi. Au bout de quelques heures nos brigades parvinrent à tourner la position, nous entrâmes dans leurs batteries, qui furent renversées sur des débris humains.

Une persévérance inébranlable devenait plus nécessaire que jamais; plus l'armée avançait, plus les difficultés croissaient; mais loin de se laisser rebuter, nos soldats puisaient au contraire une audace nouvelle dans l'espoir de les surmonter. La mort, ou la victoire, tel était le cri général qui retentissait dans nos rangs, que l'on eut bien de la peine à modérer jusqu'au 4 juillet, à quatre heures du matin, moment où l'artillerie commença l'attaque du fort.

Des combats partiels, mais très-meurtriers, avaient signalé les cinq jours qui précédèrent la prise du château de l'Empereur. La vue de leurs camarades expirant sous leurs yeux avait électrisé nos troupes, elles demandaient à venger leurs frères d'armes, et lorsque l'artillerie, battant en brèche le 4 à neuf heures, fit ralentir le feu de la place, c'était à qui se précipiterait le premier sur ce point. Bientôt un bruit formidable, auquel se mêla une fumée noire et épaisse, déroba Alger aux yeux de l'armée française ; le fort de l'Empereur venait de sauter, la principale tour s'était écroulée de fond en comble, nous avions vaincu !

Le dey envoya immédiatement un parlementaire. Dès ce moment le bandeau tombait de ses yeux ; frappé d'une terreur excessive en apprenant que cinq heures avaient suffi pour démolir les embrasures et pour démonter la majeure partie des pièces, il ne disait plus : « De tous ces Français, pas un ne restera pour porter la nouvelle de la défaite. »

Son ignorance était telle, que toutes choses lui paraissaient possibles, et que nulle ville, nulle puissance, n'aurait pu résister à la sienne. La terreur qu'il inspirait lui-même aux Algériens était si forte, que personne n'eût osé lui soutenir le contraire.

Un instant il eut la pensée de faire sauter la Kasba (Casauba), de s'ensevelir au milieu des ruines fumantes de sa patrie, et de ne plus laisser au vainqueur qu'un amas de décombres noircis, de cadavres informes, à la place des trésors qui allaient être son partage.

Heureusement ce projet fut combattu par les officiers de sa maison, qui le supplièrent de faire quelques réflexions avant d'accomplir un aussi horrible dessein, et lui firent entrevoir la possibilité d'une honorable capitulation.

Le dey les écouta ; il parut même satisfait de trouver encore une chance de salut quand il se croyait perdu sans ressource. Ce fut alors qu'il envoya son secrétaire vers le commandant en chef, en lui donnant plein pouvoir pour traiter à l'amiable.

L'excessive agitation de cet envoyé, lorsqu'il fut en présence de M. de Bourmont entouré de son état-major, révéla la crainte que l'armée inspirait aux ennemis.

Cette entrevue fut courte: déjà les Français étaient maîtres de toutes les positions.

« Vous le voyez, dit M. de Bourmont en le congédiant, cent pièces de canon peuvent à l'instant foudroyer votre ville : je n'ai qu'un mot à dire. Mais allez prévenir votre maître que les Français sont aussi généreux que braves. Le roi de France accorde la vie sauve au dey et à ses soldats, à condition qu'ils se rendront à merci, et qu'ils remettront sans plus tarder entre nos mains les forts extérieurs et les portes de la ville. »

Le premier secrétaire était à peine éloigné, qu'un second envoyé lui succéda; c'était Hamed-Bo-Darba. Il venait annoncer que le dey consentait à remettre Alger, la Casauba et toutes les propriétés de la Régence. Le 5 juillet 1830, à neuf heures du matin, nous en prîmes possession.

C'était le 14 juin que nous avions touché le sol africain, et vingt jours après la mission était remplie.

Dans aucune des conquêtes de l'armée française une ville ne fut occupée avec autant d'ordre. Les habitants ont été ménagés avec la sollicitude qu'on aurait eue pour des frères, C'étaient des chrétiens avec des barbares.

On lit dans une lettre particulière datée de Sidi-Ferruch, 18 juin :

« Je n'ai pas vu sans respect et sans admiration nos aumôniers de régiments suivre, la canne à la main, nos colonnes le jour de l'attaque, poursuivre leur ministère de paix au milieu des dangers que nous cache l'exaltation du combat, et donner leurs soins aux malheureux frappés par le boulet qui aurait pu les atteindre. L'aumônier du 49e a soixante-dix-sept ans. Il a vu la moitié de son régiment mourir de la fièvre jaune à la Martinique, et il vient ajouter sur la terre d'Afrique aux nombreux dévouements accumulés sur sa tête. »

Rien ne saurait rendre la résignation des Algériens lors de l'entrée des Français dans leur ville ; assis sur le seuil de leurs portes, ils virent d'un œil sec défiler nos troupes. Après trois siècles de brigandage, la redoutable Régence était enfin écrasée.

Dès le premier jour, le général en chef, comte de Bourmont, créa plusieurs commissions chargées de différents travaux pour éclairer le gouvernement. Ces commissions reçurent dans leur sein les plus notables habitants. On s'appliqua surtout à ne point heurter la population dans ses coutumes, et toutes les mesures furent prises pour concilier le plus grand nombre d'intérêts. Les Juifs continuèrent à être gouvernés par leurs anciennes lois et leurs magistrats nationaux.

L'administration de la justice était la plus importante. Des chrétiens ne pouvaient pas s'armer de la justice brutale des Turcs ; en se réservant le droit de vie et de mort, voici ce que l'on fit : il y eut un tribunal pour juger civilement et criminellement toute la population en général; cependant les indigènes eurent le droit d'être jugés d'abord par des juges nationaux, cadis, agas, etc., et de ne paraître devant le tribunal français qu'en cause d'appel. Le général en chef avait le droit de révision, et pouvait suspendre les exécutions. En cas d'insurrection, toute affaire aurait été remise aux conseils de guerre. Quant aux autres villes, on leur conserva l'ancienne administration, en permettant toutefois qu'elles recherchassent, si elles voulaient, la justice des vainqueurs.

CHAPITRE II.

GÉOGRAPHIE.

Les côtes d'Afrique, en général, offrent un coup d'œil charmant, de délicieuses plaines, des vallées, des montagnes couvertes d'une végétation vigoureuse.

La régence d'Alger s'étend le long de la côte depuis le cap Matifou, à l'est d'Alger, jusqu'au cap Falcon, à l'ouest d'Oran; et dans l'intérieur des terres jusqu'à Medeya, ville située de l'autre côté de la chaîne du petit Atlas, à seize lieues d'Alger. Toute son étendue n'a guère que onze cents lieues de terres labourables. Le territoire d'Alger comprend principalement la Numidie et une partie de la Mauritanie des anciens.

L'Atlas, ce mont gigantesque auquel la fable faisait porter le monde, coupe le pays en deux parties complétement différentes, et se perpétue dans les autres Etats barbaresques, Maroc, Tunis et Tripoli qui bordent la Régence.

De nombreuses rivières la sillonnent en tous sens, et, chose remarquable, c'est que, malgré leur peu de profondeur, elles ont un cours rapide. Nos soldats n'avaient d'eau que jusqu'aux jarrets lorsqu'ils traversèrent la *Chiffa*. Les lacs servirent souvent à rafraîchir nos troupes. Outre les rivières, on rencontre aussi des ruisseaux qui contribuent singulièrement à l'embellissement de ces beaux paysages. L'un d'eux, situé près du cap Matifou, communiquait autrefois avec la mer par un canal creusé de mains d'homme. Toutes les observations qui furent faites prouvèrent avec quelle facilité on perçait des puits artésiens sur le sol de la Régence, et cette découverte fit croire que nous allions doter l'Afrique d'un immense avantage, lorsqu'on découvrit que ce procédé était depuis longtemps employé par les Arabes.

Le territoire de la régence d'Alger s'étend dans une longueur d'environ deux cent cinquante lieues sur cinquante de largeur.

Les villes principales de l'Algérie sont :

Sur le littoral :

Bone, Bougie, Monstaganem, Arzew, Oran et Rio-Salado.

Et dans les terres :

Tlemecen, Mascara, Coleu, Belida, Medeya, Constantine et Estore.

Climat.

Dans l'opinion du monde, la côte nord de l'Afrique est un pays brûlé par le soleil et presque aride. Un homme de science, qui pendant treize mois a fait en Afrique des expériences souvent répétées, a trouvé que la température était ordinairement douce. Les plages qui bordent la mer aux environs d'Alger, la surface des plateaux, le sol de la plaine de la Mitidja sont fortement échauffées pendant l'été ; pas assez, cependant, pour que le phénomène du mirage s'y produise complétement.

C'est au mois de décembre que le froid s'y fait le plus sentir, et alors le thermomètre descend au-dessous de six degrés.

Les nuits ne sont pas aussi froides en Afrique qu'on a bien voulu le dire.

A Alger, les baromètres marquent assez bien le beau temps et le mauvais temps.

Les vents les plus connus sur la côte d'Afrique sont ceux du nord et du nord-ouest; les autres sont beaucoup moins fréquents. En cinq ans la mer n'a été qu'une seule fois assez mauvaise pour mettre les bâtiments en perdition.

La saison des pluies et des orages dure six mois, de novembre en mai. Dans les trois premiers mois il pleut davantage. Les orages sont rares, mais ceux qui éclatent sont toujours extrêmement violents; l'air est alors chargé d'une grande quantité d'électricité, les éclairs embrasent l'atmosphère, et le tonnerre roule avec un fracas épouvantable. Il est tombé plusieurs fois en hiver. La masse d'électricité répandue dans les airs donne lieu, comme on sait, à une foule de phénomènes curieux. Quelques-uns de ces phénomènes se manifestent, en Afrique, avec une intensité inconnue en Europe : le 8 mai 1831, après le coucher du soleil, toute l'atmosphère était en feu, le tonnerre grondait continuellement et les éclairs sillonnaient les airs dans toutes les directions; on aperçut alors aux extrémités des mâts de pavillon, qui sont en grand nombre dans l'intérieur d'Alger, et sur les forts environnants, une lumière blanche en forme d'aigrette qui persista pendant une demi-heure ; des officiers du génie et de l'artillerie, qui se promenaient, tête nue, sur la terrasse du fort Bab-Azoun, furent très-étonnés de sentir leurs cheveux se dresser et de voir une petite aigrette à l'extrémité de chacun de ceux de leurs camarades ; quand ils levaient les mains en l'air, il se formait des aigrettes au bout de leurs doigts, qui disparaissaient aussitôt qu'ils les abaissaient. Pour vérifier complétement le fait, ces messieurs firent venir sur la terrasse dix soldats sur lesquels le phénomène se reproduisit à l'instant même avec une égale intensité. Les officiers et les soldats éprouvèrent des contractions nerveuses dans les membres et une lassitude générale, principalement dans les jambes.

Les jours de mauvais temps exceptés, la température est extrêmement agréable dans les environs d'Alger ; depuis le commencement de janvier jusqu'au 15 juin, presque tous les matins la plaine de la Mitidja est couverte de brouillards qui s'élèvent jusqu'au quart de la hauteur de l'Atlas. Ces brouillards se dissipent peu à peu et rendent encore plus sensible l'éclat du temps qui leur succède.

Végétation.

La végétation, comme dans tous les climats chauds rafraîchis par les eaux intérieures, est ardente et colorée ; vers la fin du mois de décembre les arbres perdent leurs feuilles, mais avant le 20 janvier on en voit de nouvelles se montrer. Les haies sont presque toujours parsemées d'arbustes verts et fleuris. Au milieu de février la pousse des feuilles est en pleine activité, et dans les premiers jours de mars on fait une première récolte de pommes, de poires et de quelques autres fruits. De mars en juin, on a un temps délicieux sur la côte de Barbarie; à part les jours de mauvais temps, on dirait être dans un paradis terrestre; mais au mois de juin les grandes chaleurs commencent à se faire sentir, les sources se tarissent et la végétation périclite.

Toute celle comprise entre la côte et la chaîne du petit Atlas est absolument semblable à celle du littoral de la Méditerranée; on y trouve beaucoup d'arbres et de plantes de l'Europe tempérée, des environs de Paris même : nos arbres à noyaux, les poiriers, les pommiers, les noyers, etc., croissent presque sans culture dans les jardins d'Alger, de Belida, d'El-Colea, et aux environs de la première ville seulement on trouve soixante et quelques espèces de plantes du centre de l'Europe. La végétation du petit Atlas est très-analogue à celle du midi de l'Europe. Les bois qui couvrent la plus grande partie de ces montagnes sont formés de chênes verts et de liéges; on n'y voit pas de sapins. Les broussailles croissent jusqu'à six cents mètres de hauteur de la montagne; les figuiers de Barbarie forment d'épaisses haies qui s'élèvent à quatre et cinq mètres au-dessus du sol ; les haies d'agaves présentent un coup d'œil réellement magnifique et imposant ; ces longues feuilles vertes et pointues ressemblent à des palissades entrelacées les unes dans les autres pour défendre l'approche d'un poste militaire ; du milieu des touffes s'élève majestueusement une hampe garnie de fleurs jaunes, qui porte sa tête au-dessus de celle de tous les autres arbres. Les oliviers sont aussi beaux que nos chênes d'Europe ; les orangers, les citronniers le cèdent à peine pour la taille à quelques-uns de nos plus beaux arbres fruitiers. Dès le mois de février, toutes les portions de terrain qui sont incultes et non garnies de broussailles se couvrent de graminées qui croissent avec une si grande rapidité, qu'au bout d'un mois on a beaucoup de peine à marcher dedans.

On conçoit facilement que dans une contrée où la végétation est si active, toutes les plantes doivent y croître et s'y propager sans culture, même celles qui y ont été introduites des autres pays.

Il est fort heureux pour les habitants

que la terre soit aussi libérale; car les Algériens, naturellement pauvres et insouciants, négligent tout à fait l'agriculture; dans l'intérieur de leurs jardins même ils ne labourent pas la terre au pied des arbres fruitiers, et les herbes sauvages qui croissent dessus s'élèvent jusqu'au milieu de la hauteur du tronc.

Des bords de la mer au pied de l'Atlas, les portions de terrain qui n'ont jamais été cultivées, et on pourrait dire les deux tiers du sol, sont couvertes de fortes broussailles dont la hauteur dépasse souvent celle d'un homme, et parmi lesquelles sont des touffes d'arbousiers, d'oliviers, de lauriers, de dattiers nains, de chênes verts, et quelques buissons de *myrtes* et d'*épines*.

Les endroits marécageux, les lits des ruisseaux, ceux des rivières, et même ceux des torrents qui se trouvent à sec pendant une partie de l'année, sont remplis de lauriers roses.

Dans le nord de la Régence le spectacle est bien différent : quelques localités ont l'aspect des landes françaises; ici, ce sont de vastes steppes çà et là revêtues de maigres échantillons d'une végétation indigente. Absence totale d'agriculture pendant des lieues entières. Point de routes tracées, point d'auberges ; aussi le voyageur a-t-il à craindre les Bédouins et les panthères. Il faut toujours être sur le qui vive, et cela sur une terre sans ressources. Des oasis embellissent cependant ces déserts ; les Africains les appellent îles de la mer de sables, et la plus belle est située sur le territoire algérien.

Les plaines maritimes ont été dépouillées des forêts citées par Salluste, remplacées aujourd'hui par ces épaisses broussailles qui rendirent si terribles les premiers combats de l'armée française.

Géologie.

On observe en Barbarie ce que les naturalistes sont convenus d'appeler le *terrain de transition*, le *terrain secondaire*, le *terrain tertiaire*, des formations *volcaniques*, le terrain *diluvien*, et les différentes formations de l'époque actuelle, *dunes*, *attérissements* et *éboulements*.

Si la conquête est plus tard exploitée

sur une plus grande échelle, on trouvera sur la pente de l'Atlas une mine de cuivre qu'un voyageur désigne comme fort abondante ; mais il est bien convenu que dans cette position les mineurs devraient être protégés par une force imposante. Le reste du terrain donne des pierres de construction assez bonnes. On ne trouve en Afrique aucune trace de volcans.

Au reste, les observations géologiques que l'on fait en Afrique se rapprochent beaucoup de celles qui ont été faites si souvent sur le terrain de la *Provence*. Un auteur conserve même l'espérance d'y trouver de la houille, avantage immense, puisque l'on manque de bois pour se chauffer, et qu'entre les mesures à prendre pour la colonisation, on conseille surtout la plantation de nos grands arbres, dont quelques-uns ont parfaitement pris dans les jardins des consuls.

CHAPITRE III.

HISTOIRE NATURELLE.

Animaux.

Nous avons voulu ne pas nous écarter de la méthode généralement adoptée, de passer du simple au composé. Aussi, en commençant la description des animaux qui vivent dans la régence d'Alger, indiquerons-nous d'abord les *polypiers,* dont quelques-uns forment le passage entre le règne végétal et le règne animal. Nous nous élèverons ensuite, dit M. Rozet à qui nous empruntons ces détails, dans l'échelle des êtres, et nous arriverons ainsi à l'homme, dont il existe sept groupes ou variétés différentes dans la partie de la Régence soumise à nos armes.

Le corail rouge est très-commun sur la côte nord de l'Afrique; autrefois les Français avaient des établissements sous la protection d'un fort, pour la pêche du corail. Le corail d'Oran est d'une qualité supérieure, et les morceaux sont magnifiques ; il y a plusieurs autres points de la côte où on pourrait le pêcher.

La mer jette beaucoup d'éponges vers le cap Matifou. On compte aussi un grand nombre de mollusques, parmi lesquels il faut ranger les coquilles d'eau douce et celles terrestres.

Poissons.

On doit les diviser en poissons marins et d'eau douce. La côte de Barbarie jusqu'à Alger est très-poissonneuse ; on y pêche des *bonites*, des *thons* et des *marsouins* ; on trouve aussi des *poissons volants*, qui font plusieurs centaines de mètres sans toucher l'eau. Dans la baie d'Oran la mer jette parfois des phoques à une si grande distance, qu'ils ne peuvent plus fuir.

En général, ces espèces de poissons marins ne présentent pas de différences avec celles que l'on a trouvées dans les autres parties de la Méditerranée.

Poissons d'eau douce.

Les rivières et les lacs de la Barbarie paraissent très-peu poissonneux, et les espèces qui y vivent très-peu variées. Les grenouilles et les *crapauds* qui vivent sur leurs bords sont très-gros et verdâtres, avec des taches brunes.

Reptiles.

Il existe dans les murs des environs d'Alger, en très-grande abondance, une petite couleuvre grise ; les serpents de terre sont peu nombreux. Par contre, les tortues sont en grande quantité.

Insectes.

Comme dans tous les pays chauds, les insectes sont extrêmement multipliés en Barbarie ; on ne se fait pas d'idée de la quantité de puces qui existent dans les environs d'Alger. Les soldats français les redoutent plus que les Bédouins, et beaucoup sont tombés malades de ne pouvoir dormir, à cause de ces insectes.

Les punaises sont aussi fort nombreuses; les scorpions moins; les sauterelles y sont énormes, et les habitants les mangent après les avoir fait frire dans l'huile.

Oiseaux.

On voit beaucoup de goëlands, des hirondelles de mer, des bécasseaux et des huîtriers ; les pigeons *bizets* habitent le long des falaises, dans les trous des rochers, depuis Alger jusqu'au cap Falcon, au nord-ouest d'Oran. Cette espèce est la même qui peuple nos colombiers de France.

Presque tous les oiseaux de Provence se trouvent dans les collines qui bordent au nord la plaine de Métidja ; le *rossignol des murailles*, la grande *mésange*, le *guépier d'Europe*, les *perdrix rouges*.

La plaine de la Métidja nourrit une multitude d'oiseaux aquatiques, des *pluviers*, des *vanneaux*, des *bécassines*, des *poules d'eau*, des *canards*, des *cigognes*, des *hérons*. Tous ces oiseaux nichent sur les bords des rivières et dans les marais. Ils sont si nombreux dans la plaine, qu'on ne peut faire un pas sans les rencontrer en troupe. Les étourneaux, les cailles et les vautours y sont aussi très-communs.

Mammifères.

C'est la classe la plus connue; les *chauves-souris*, les *rats* et les *souris* vivent dans les champs et les habitations.

La genette de Barbarie est assez commune dans les environs d'Alger. Les lièvres ressemblent aux nôtres.

Animaux féroces.

Les grands animaux féroces qui habitent la Barbarie sont de l'espèce la plus commune. En 1831, les Parisiens purent voir au Jardin-des-Plantes des tigres, des lions et des lionnes de l'expédition d'Afrique. Ces animaux ne se montrent jamais dans les environs d'Alger; ils restent dans les montagnes du petit Atlas, où ils n'habitent que de grandes forêts, peu fréquentées par les hommes; cependant ils viennent quelquefois jusqu'aux portes d'Oran. Les Arabes et les Berbères font la guerre aux bêtes féroces dont je viens de parler, pour avoir les peaux qu'ils vendent fort cher. Ils les tuent à coups de fusil et leur tendent aussi des piéges. Ces animaux ne sont pas cependant aussi multipliés qu'on le croit généralement en France.

Le loup ressemble beaucoup au nôtre. Le *chacal* est la bête fauve la plus ordinaire sur la côte nord de l'Afrique. Cet animal est moins à redouter que les lions et les léopards, etc.; mais il est plus vorace et plus entreprenant : tous les soirs, peu après le coucher du soleil, les camps français, malgré les feux qui les illuminaient, étaient entourés par des bandes de ces animaux, qui pendant la nuit faisaient retentir les airs de leur voix glapissante. Ils dévoraient avec une promptitude vraiment extraordinaire les cadavres des chevaux morts, et fouillaient aussi les fosses pour en arracher les corps des soldats tués en combattant. Une chose remarquable, c'est que ces animaux n'attaquent jamais les bêtes vivantes, même les moutons.

Les *sangliers* sont très-répandus dans toutes les parties de la régence d'Alger, où ils peuvent se propager très-facilement; car les habitants, qui n'en mangent jamais, ne leur font pas la guerre. Lors de l'expédition de 1830, les Arabes en amenaient au marché. Les *porcs-épics*, les hérissons sont aussi fort communs, ainsi que les gazelles, ces charmants animaux, si doux, si faciles à apprivoiser. Six mois après la conquête, les Arabes et les Berbères en amenaient en grand nombre; mais comme les officiers français en achetaient beaucoup, elles furent toujours fort chères. — Les singes habitent de préférence dans les forêts du petit Atlas. — Là se bornent les animaux féroces du nord de l'Afrique, ceux avec lesquels nos différentes expéditions ont pu nous mettre en rapport.

Animaux domestiques.

Parmi les volatiles, ce sont les *poules*, les *chapons*, les *canards*, les *oies*, les pintades, les *dindons* et les *pigeons*.

L'espèce du chat et du chien ressemble

aux nôtres. Les chefs arabes en ont toujours plusieurs qui font la garde autour de leur tente. Ces animaux sont leurs seules sentinelles. En temps de guerre, les Arabes dorment et les chiens les éveillent en cas d'attaque. Les Algériens ont de très-nombreux troupeaux de vaches qui paissent dans toutes les saisons. Les bœufs, comme ces dernières, sont employés aux travaux d'agriculture. On leur fait porter des fardeaux absolument comme aux ânes et aux mulets.

Les *ânes* de Barbarie sont absolument les mêmes que les nôtres.

Les *mulets* sont aussi beaux que ceux de la Provence : ils ont le corps bien fait, la tête élevée et les jambes fines. Les Maures et les Juifs s'en servent souvent pour monture ; on les emploie aussi pour porter des fardeaux en les couvrant d'un bât. Ils ont le poil fin et sont pleins d'activité. Ces animaux ont le pied très-sûr ; aussi s'en sert-on pour voyager dans les montagnes.

Le *chameau*, qui est sans contredit le plus utile, supporte la fatigue avec une constance vraiment extraordinaire. Il est très-sobre : de l'herbe, un peu d'orge, des fèves et quelques morceaux de pain suffisent à son existence ; il peut se passer de boire pendant sept ou huit jours, ce qui le rend extrêmement précieux pour voyager dans le désert, où il porte sur son dos l'eau nécessaire à toute la caravane, sans presque en diminuer la quantité par sa consommation. Cet animal marche très-vite et longtemps ; chargé de six à sept quintaux, il peut faire jusqu'à quinze lieues par jour sans boire ni manger. Les chameaux des environs d'Alger sont magnifiques ; ces animaux se couchent sur le ventre pour faciliter leurs maîtres à les charger. Les Arabes mettent quelquefois un licou au chameau ; mais la plupart du temps ils les conduisent avec une petite baguette. A la bataille de Staoueli plus de deux cents de ces quadrupèdes tombèrent au pouvoir des Français.

CHAPITRE IV.

DIFFÉRENTES RACES D'HOMMES.

—

On trouve dans la Régence sept variétés d'hommes bien distinctes : les *Berbères*, les *Maures*, les *Nègres*, les *Arabes*, les *Juifs*, les *Turcs*, les *Koulouglis*. L'ordre que nous venons d'adopter en les nommant se rapporte à leur ancienneté. Salluste dit en parlant des deux premiers, qu'ils vivaient de chair d'animaux et de l'herbe qu'ils broutaient dans la campagne, n'ayant d'autres lois que la raison du plus fort. La tente même leur était inconnue ; ils couchaient le soir où ils se trouvaient. Après la conquête de l'Espagne, les Arméniens qui faisaient partie de l'armée d'Hercule passèrent le détroit de Gibraltar et vinrent en Afrique ; en se mêlant aux premiers habitants, ces peuples formèrent les Numides, ainsi nommés parce qu'ils avaient de nombreux troupeaux errant çà et là dans les meilleurs pâturages.

Les Mèdes et les Perses de cette armée vinrent plus tard en Afrique, s'allièrent avec les Libyens, et formèrent les Maures qui existent dans toute la Barbarie sous cette dénomination. Quant aux Numides, on a changé leur nom en celui de Berbères et de Kabaül, mais ce sont toujours les mêmes hommes. Rien dans leurs mœurs ne saurait constater les progrès qu'ils auraient dû faire depuis la guerre de Jugurtha (c'est-à-dire 109 ans avant N. S. J.-C.); leur manière de vivre est toujours la même, leur mauvaise foi n'en est pas la moindre preuve.

Les Romains ont bâti quelques villes dans le petit Atlas, mais sans que cela leur ait servi à soumettre les Berbères, qui forment toujours la partie sauvage, refusant en toute occasion de se mêler aux autres.

Ils habitent encore les montagnes du petit Atlas, depuis le royaume de Tunis jusqu'à l'empire de Maroc. Chacune de leurs montagnes se trouve désignée par le nom de *beni*, qui veut dire *enfants* : à ce mot est joint le nom du chef de chaque tribu. Les Berbères ne sont point grands, mais de taille moyenne, et de couleur brune tirant vers le noir ; tous pour la plupart sont maigres et nerveux. Leur corps, dit un auteur moderne, a une élégance que l'on ne retrouve plus que dans les statues antiques; ils ont un langage particulier, et ceux là seulement qui habitent le versant nord du petit Atlas parlent l'arabe. A Alger on donne le nom de Bédouins à tous les peuples qui vivent dans la campagne.

Habitations.

Elles sont composées de morceaux de bois fichés en terre, recouvertes de branches d'arbres qu'ils enduisent de terre grasse, en y mêlant un peu de paille. Quelques-uns ont des cabanes en pierre fort artistement arrangées, bien que le ciseau n'y soit entré pour rien ; elles ont rarement plus de dix pieds de haut; on y pénètre par une porte basse et étroite assez bien fermée ; les fenêtres sont des petits trous ménagés sur les faces, et dont très-peu sont garnis d'un morceau de verre. Toutes ces habitations ne sont guère réunies en villages, on les trouve disposées par petits groupes dans les vallées et sur les versants des montagnes.

Dans la tribu de *Beni-Sala*, saccagée par les Français, les cabanes sont réunies au nombre de quatre ou cinq; le milieu forme une cour comme celle d'une ferme. Dans l'intérieur de l'habitation, on voit de grands trous recouverts par une large pierre, et dans lesquels on conserve du miel, de l'huile, du beurre fondu. Les grains sont mis en réserve dans de larges pots placés en terre; les ruches de mouches à miel, disposées dans les vergers, autour des maisons, sont faites avec des écorces de liége ou des roseaux liés entre eux. Tout l'ameublement d'une maison de Berbères consiste en deux pierres destinées à moudre le grain, de quelques paniers en roseaux grossièrement faits, de pots en terre plus sales les uns que les autres, de nattes en jonc, et de peaux de mouton étendues sur le pavé, qui leur servent de lit. Quelquefois il existe aux deux extrémités de la chambre des estrades élevées de deux pieds au-dessus du sol, en bois ou en maçonnerie, et sur lesquelles ils placent les peaux de mouton et les nattes de jonc qui leur tiennent lieu de matelas; au reste, ils dormiraient bien sans cela, car ceux qui viennent au marché d'Alger couchent dans les rues sur les terrasses. On ne voit pas de mosquées dans les pays habités par les Berbères.

Costumes.

L'habit le plus simple des Berbères est fait d'une espèce de chemise en laine à manches très-courtes, liée à la ceinture avec une corde; leur tête est couverte d'une petite calotte. Les chefs portent des *babouches* et des bottes rouges avec des éperons dans les grandes occasions, surtout quand ils vont à la guerre. Par-dessous la chemise de laine, qui ressemble beaucoup à la tunique romaine, les *Berbères* mettent l'haïk, qui est une pièce de laine blanche d'un mètre de large et de cinq ou six de long, qui peut être comparée à la toge, dans laquelle ils s'enveloppent en se drapant avec une élégance vraiment remarquable. L'haïk passe autour de la tête, où il est fixé par un cordon en laine brune, qui forme jusqu'à quatre cercles placés au-dessus les uns des autres; lorsqu'il fait froid, ils se servent du *burnous* comme les Arabes. Le *burnous* est un manteau en laine blanche ou brune, surmonté d'un capuchon pointu, cousu à l'endroit de l'agraffe, que les Berbères, les Arabes, et en général tous les Algériens mettent pendant l'hiver, et qu'ils emportent presque toujours avec eux quand ils sortent. Ces *burnous* se fabriquent dans toutes les villes et campagnes de la régence d'Alger, mais les plus estimés viennent de Tunis et d'Oran.

Le costume des femmes diffère peu de celui des hommes; elles ne prennent jamais le *burnou* et se jettent l'haïk sur la tête sans l'attacher; elles ne se voilent pas comme les Mauresques et les Arabes; toutes marchent pieds nus et n'ont rien sur leur tête, que leurs longs cheveux flottant au gré du vent. Elles portent à leurs oreilles de grands anneaux, quelquefois en or et en argent, le plus souvent en cuivre et même en fer ; elles se font sur toutes les parties du corps, et particulièrement sur les lombes et sur les bras, des dessins de différentes couleurs et d'une régularité parfaite ; enfin elles se teignent en rouge les ongles, le dedans des mains et le dessous des pieds. Nous nous étendons davantage sur les Berbères, parce qu'ils forment vraiment la population la plus digne d'intérêt par la pureté de race dans laquelle elle a su se conserver depuis des temps aussi reculés. Leur manière de vivre approche beaucoup de celle des Arabes. Les provisions de leurs cabanes se composent pour la plupart de fruits secs, de lait et de beurre. Ils ne font point de pain. Les femmes, après avoir écrasé le grain entre deux pierres, délayent la farine dans l'eau sans la tamiser auparavant, et en font une galette qu'elles mettent cuire sous la cendre ou dans un plat de terre avec de l'huile rance. Le repas fini, ils se passent une cruche d'eau dont ils boivent chacun à leur tour et se lavent les moustaches ; ensuite ils s'enveloppent dans leurs vêtements et se couchent sur la place même où ils ont soupé.

Ils sont très-industrieux, et c'est bien certainement le peuple le plus habile qui habite la Régence : il exploite les mines de ses montagnes et obtient ainsi du plomb, du cuivre et du fer.

Avec le plomb, les Berbères font des balles pour la guerre et la chasse des bêtes fauves; avec le cuivre, quelques-uns des ornements que portent les femmes : on prétend même qu'ils travaillent l'or et l'argent. Le fait est que leurs armes sont souvent décorées de plaques d'argent parfaitement travaillées, et qu'ils fabriquent une grande quantité de fausse monnaie, particulièrement des réaux-boudjous, qu'ils apportent à Alger et dans d'autres villes de la Régence; ces boudjous sont en cuivre argenté.

Les minerais de fer, après avoir été fondus, sont convertis en une matière malléable, avec laquelle ils forgent des canons de fusil, des instruments aratoires, des couteaux peu élégants, et cependant d'une assez bonne qualité. Ils tirent parti de toutes les branches de leur industrie auprès des Maures et des Arabes, à l'exception de la poudre, qu'ils gardent pour eux.

Les femmes aident leurs maris dans les travaux de l'agriculture : elles sont plus particulièrement chargées du ménage; durant l'hiver, elles s'occupent le soir à filer. Les tribus habitant au bord de la plaine ou dans les grandes vallées ont beaucoup de bestiaux ; leurs mulets sont de la plus belle espèce.

Les Berbères, enclins à l'avarice, ont coutume d'enterrer l'argent, profit de leur gain. Depuis l'arrivée des Français ils en ont beaucoup gagné et très-peu dépensé; les objets qu'ils achètent sont des mouchoirs et des bandeaux pour les femmes, des bijoux en similor, des poteries de ménage, etc. Quand ils peuvent se procurer des armes, ils en saisissent avidement l'occasion.

Malgré leur fierté, ils viennent à Alger pour servir comme domestiques chez les Turcs, chez les Maures, et dans les maisons des consuls.

Ce peuple a une manière tout à fait épouvantable de faire la guerre, et qui tient sans doute à l'état sauvage dans lequel il vit. Il n'y a point de quartier pour l'ennemi qui tombe vif entre ses mains ; c'est un grand bonheur pour celui-ci si les Berbères se contentent de lui trancher la tête, souvent ils prennent plaisir à le déchirer. Dans les combats qui leur ont été livrés ils donnèrent constamment des marques de leur cruauté.

Si le christianisme peut pénétrer chez eux, on verra alors quel changement s'opérera dans leurs mœurs, non-seulement pour les rendre moins cruels dans le combat, mais aussi plus fidèles dans les traités. On conçoit facilement que leur religion ne peut pas en être une, les Berbères n'en ont réellement pas ; ils empruntent aux Mahométans leur peu de pratiques, et regardent comme des dieux leurs *marabouts* ; c'est le nom qu'ils donnent à des hommes plus instruits que les autres, et qui vivent dans la retraite, à peu près comme nos ermites des temps passés. Ils sont regardés comme inspirés de Dieu, ce qui leur donne sur ces barbares une influence immense. Chaque marabout a ses attributions : l'un protége les troupeaux, l'autre les récoltes. L'armée française s'est souvent servie de ces hommes pour arrêter les Berbères.

Non-seulement les *marabouts* sont honorés pendant leur vie, mais après leur mort on leur rend une espèce de culte. Leur tombeau est souvent entouré d'un petit bois sacré. Ces tombeaux donnent souvent lieu à l'établissement d'un cimetière, parce que les personnages distingués se font enterrer le plus près possible des marabouts.

LES MAURES.

Cette race était autrefois aussi sauvage que les Berbères; en restant sur le bord de la mer, ses mœurs se modifièrent par le contact qu'elle eut avec les Européens.

Les Maures forment la plus grande partie de la population des Etats algériens; ils demeurent tous dans des maisons plus ou moins bien construites, et se trouvent réunis dans les villes et quelques villages. Vêtus à la manière des Turcs, ils en ont aussi les mœurs. Le costume des femmes est une agglomération ridicule de linges qui leur donne l'air d'un fantôme. Les mauresques sont presque toujours mal bâties ; celles qui ont beaucoup d'embonpoint ressemblent à de véritables paquets de linge ambulants. Le costume paré de ces dames est magnifique : elles portent les cheveux bien tressés, et un bonnet métallique à la manière des Cauchoises, qui est orné de rubans de plusieurs couleurs, et garni de perles prenant la forme d'une couronne. Elles attachent à leurs oreilles des boucles en diamant, en or, en argent, ou même en cuivre, suivant l'état de la fortune; leur cou est garni de colliers dont la richesse varie. Sur une chemise bien blanche, fixée au poignet par des bracelets plus ou moins beaux, elles ont une veste à courtes manches, toute brodée en or, avec un pantalon ; un grand châle de soie leur ceint les reins. A l'extrémité postérieure du bonnet pend une queue en drap d'or, terminée par des franges qui descendent jusqu'à terre ; enfin, leurs pieds bien blancs se trouvent à peine maintenus dans de petits souliers de velours rebaussés d'or, et un gros anneau du même métal tombe sur le coude-pied. Il n'est pas rare de voir des toilettes dont la valeur dépasse trois et quatre mille francs.

Les enfants des Maures sont mis absolument comme leurs parents. Les petits garçons ne portent le turban que lorsqu'ils ont atteint l'âge de dix à onze ans. Auparavant on laisse croître leurs cheveux et on les teint en rouge, ainsi que ceux des petites filles.

Les Maures vivent comme les Arabes. Ils passent une grande partie de leur vie au café. Ces établissements sont souvent ornés d'un porche fait en feuillage, ou d'une superbe colonnade au milieu de laquelle jaillit une fontaine; là ils jouent aux dames, les jambes croisées, en fumant leurs pipes.

Les Maures ne se servent presque jamais de cuillers ni de fourchettes : pour manger on met des plats sur une petite table basse autour de laquelle ils s'accroupissent; le maître de la maison sert la viande avec ses doigts, et chacun porte la main dans le plat après lui.

« Cette manière de manger, dit M. Rozet, est en usage parmi les gens de la plus haute distinction : un soir, étant entré par accident dans la maison de l'aga, à la faveur de mes épaulettes qui en avaient imposé aux domestiques, je vis le chef à table avec tout son état-major. Je me cachai alors derrière une colonne, et je me mis à les observer : ils étaient accroupis autour d'une table ronde très-basse ; plusieurs domestiques étaient placés derrière eux avec des coupes en argent et des carafes d'eau à la main ; il y en avait un pour l'aga seul. On servit d'abord une volaille dont l'aga mangea le premier, puis tous ses officiers imitèrent son exemple. Les autres mets qu'on apporta furent traités de la même manière. Enfin on servit des pâtisseries sèches et des confitures, et après que ces messieurs les eurent mangées, les domestiques leur versaient de l'eau dans les coupes pour se laver la barbe et les mains. »

Avant l'arrivée des Français, il était interdit aux Musulmans de boire du vin et des liqueurs ; depuis qu'ils ont été vaincus par des chrétiens, ils sont beaucoup moins difficiles. Les Algériens se grisent tout aussi bien que nos buveurs de barrière ; seulement ils ont soin de se placer dans une chambre, de manière à ce qu'un plafond empêche Mahomet de les voir.

Les Maures de Barbarie font presque tous les métiers connus en France : ils sont menuisiers, charpentiers, cordiers, tonneliers, tisserands, cordonniers, tanneurs, brodeurs, tailleurs, bijoutiers, horlogers, maréchaux, taillandiers, armuriers; mais tous ces arts s'exercent avec nonchalance.

Tous les Maures savent lire et écrire ; quelques-uns ont fait leurs études dans les colléges de Paris.

Leur caractère dominant est traître et vindicatif : leurs rapports avec nous en ont fourni de nombreux exemples. Sous le gouvernement des deys jamais ils ne servirent dans les armées algériennes que dans les grandes occasions, c'est-à-dire lorsque la Régence était menacée de la guerre. Les véritables maîtres à Alger étaient les Turcs. Au xvie siècle, lorsque cette ville n'avait encore aucune importance, ils aidèrent les Maures à chasser les Espagnols qui s'étaient emparés de la province de Bougie. Ces secours, souvent obtenus, engagèrent les Algériens à se mettre sous la protection du sultan, qui leur envoya tous les turbulents qui désolaient son empire; de cette manière la milice algérienne se recruta tous les ans.

Industrie.

Si les Maures étaient moins paresseux, ce qui est du reste le défaut de tous les habitants des pays chauds, ils seraient très-capables d'étendre leur industrie. Mais, au lieu de cela, ils ne se réunissent que pour se livrer à une oisiveté habituelle. Une partie des Maures servait sur les bâtiments du dey, et dans les travaux des chantiers de l'Etat.

Agriculture et Commerce.

En traitant les différents moyens de colonisation, nous montrerons à nos lecteurs quel parti on pourrait tirer de la Régence, si elle était exploitée par des hommes actifs; car, ainsi que nous venons de le dire pour l'industrie, les Maures *feraient très-bien*, mais il faudrait pour cela qu'ils voulussent s'en donner la peine. Ils payent des esclaves et des Berbères pour ensemencer leurs champs. Cette nonchalance rend nul le commerce, et celui qu'ils font est entièrement d'importation. Les caravanes leur apportent du café, les vaisseaux de France et d'Angleterre des étoffes de soie, de coton, et surtout de la quincaillerie.

Religion.

Le mahométisme, qui est venu arrêter les progrès faits en Afrique au temps des *églises*, est la religion commune des Maures, des Turcs, des Arabes et des Nègres.

Cependant ce que tout le monde ne sait pas, c'est que le mahométisme a deux sectes bien distinctes, les serviteurs de Mahomet et ceux d'Ali. Les vrais Mahométans *regardent Dieu comme la source du bien et du mal. Les sectateurs d'Ali affirment que Dieu ne produit que le bien, et que Mahomet est en âme seulement, et non en corps, auprès de Dieu, et qu'enfin il suffit de prier trois fois par jour, et non cinq, comme les premiers le prétendent.*

Selon cette religion, on peut prier partout, en se tournant toutefois vers la *Mecque :* alors ils font leurs prières avec toutes les salutations et les baisements de terre voulus, sans s'inquiéter en aucune façon de ceux qui les environnent; ils n'ont point du tout cette fausse honte que nous nommons respect humain : en cela, ils sont bien supérieurs à la plupart des chrétiens qui craindraient de faire des actes religieux en public. Les marchands dans leurs boutiques, les voyageurs sur les routes, les cultivateurs dans les champs, se prosternent et prient aux heures fixées. Dans les villes et dans les villages, le crieur monte sur un minaret de la mosquée, et appelle trois fois les fidèles à la prière en disant : « Il n'y a qu'un Dieu, Dieu est grand, et Mahomet est son prophète. »

Les femmes et les enfants n'entrent pas dans les mosquées. Les hommes et les adultes y font leurs prières avec des chapelets à la main, et en se faisant des salutations. Les cérémonies dans les temples ont lieu tous les jours. Le vendredi, la mosquée porte un pavillon vert. Beaucoup de Maures ne travaillent pas ce jour-là; mais ce repos n'est point d'obligation.

Nous verrons, lors de la description d'Alger, quelles sont leurs fêtes les plus importantes.

Funérailles.

On revêt le mort de ses plus beaux habits ; on l'expose sur un lit de parade ; quand c'est une femme, on la couche sur un brancard. Les esclaves recouvrent leur liberté et suivent le corps au cimetière ; là chacun, même les parents du mort, font des prières avec une nonchalance vraiment remarquable. Les tombeaux sont décorés selon la richesse de ceux qu'ils renferment. La coutume des Algériens est de les placer tout autour des lieux habités, dans les villes aussi bien que dans les villages. Lors de l'invasion française, les tombeaux furent profanés. Quelques soldats avides les renversèrent pour voir s'ils ne renfermaient pas des trésors.

Superstitions.

Outre une infinité de croyances qui leur fait accorder une vertu surnaturelle aux marabouts, les Musulmans n'attribuent jamais à Dieu les peines de la vie ; selon eux, tout le mal vient du démon, même le châtiment qu'ils ont mérité. Si un mets, une boisson leur fait mal, ils demeurent convaincus que c'est le démon qui en est cause. Si une maison prend une mauvaise odeur, « les diables sont ici, dit le père de famille ; allons-nous-en. » Le seul remède contre ces possessions du démon, c'est de porter certains talismans, que distribuent les marabouts. Un homme riche en a toujours un grand nombre, soit pour sa famille, soit pour ses bêtes de somme. A ses amulettes est jointe une prière écrite sur parchemin.

Leur sobriété n'est que le résultat de leur vie oisive ; ils sont voleurs plutôt par paresse que par sentiment.

Un soldat des Zouaves (ce corps si admirablement discipliné par M. de La Moricière, un des officiers les plus distingués de l'armée d'Afrique), domestique d'un officier français, employé dans ce corps, qui laissait souvent dans sa chambre sa bourse et d'autres objets précieux, répétait fréquemment à son maître : « Il faut davantage prendre garde à vos affaires, parce que tous les Algériens sont extrêmement voleurs. — Mais, lui répondit l'officier, toi seul entres ici quand je n'y suis pas, tu ne me voleras pas, j'espère ? — Moi, tout aussi bien que les autres, lui répondit-il ; j'ai déjà été tenté vingt fois de le faire ; ainsi, je vous en prie, serrez votre argent. » L'officier, dit l'auteur qui rapporte ce fait, admira sa naïveté et suivit son conseil.

Les Maures ne pratiquent nullement l'hospitalité, et cela au point de laisser mourir leurs libérateurs.

Condition des femmes.

Que les dames européennes bénissent le nom de Charles Martel ; car sans lui, sans sa victoire contre les Sarrasins, leur sort eût été dur. Mahomet ne s'en est seulement pas occupé. Les Musulmans croient qu'elles n'ont point d'âme, et n'en font de cas qu'autant qu'elles sont belles. Malgré toute leur sollicitude pour éloigner leurs rivaux, jamais ils n'accompagnent les femmes à la promenade ; au contraire, dans la rue, les hommes et les femmes marchent séparément.

Quand un jeune homme veut se marier, il va trouver une vieille femme qui se charge d'aller parler pour lui à l'épouse de son choix ; les pères de famille s'entendent sur la dot, et quand la chose est convenue la jeune personne est pourvue de tout ce qui est nécessaire pour la noce. De son côté, l'époux envoie ses cadeaux. La cérémonie a lieu le soir aux flambeaux. La femme reste trois jours assise sur des coussins, et ses amies viennent la visiter ; au bout de ce temps elle peut habiter avec son mari. Un Maure a la faculté d'épouser jusqu'à quatre femmes ; les pauvres n'en ont qu'une ou deux, parce que cela coûte trop cher, *disent-ils*.

La naissance d'un enfant est un grand sujet de joie dans une famille ; les parents, les amis sont invités à un festin, où l'on bénit Mahomet.

LES NÈGRES.

Les Nègres, dans la Régence, ne sont que des esclaves amenés de l'intérieur de l'Afrique par les caravanes qui la parcourent; c'est ainsi qu'il y en a dans l'Asie Mineure et dans la Turquie. Leur valeur est moindre à Alger que dans nos colonies. Ils ont plusieurs moyens pour racheter leur liberté : les services, l'argent, et la volonté du maître, qui peut les affranchir. Les Nègres venus de l'intérieur de l'Afrique sont marqués au visage avec un instrument tranchant.

Domestiques des Maures, ils habitent dans leurs maisons, s'habillent et vivent comme eux ; sans pratiquer entièrement la religion des Maures, ils en retiennent principalement les superstitions, et les augmentent même par leurs pratiques ridicules : ainsi, dans la croyance que le diable donne la connaissance de l'avenir à ceux qui sont possédés de son esprit, ils se livrent à mille contorsions pour l'y faire entrer.

Les Nègres ne font point, ou peu de

commerce; leurs enfants ne se rendent pas aux écoles, quoique leurs droits et leurs priviléges soient égaux à ceux des Maures lorsqu'ils ont recouvré la liberté.

LES ARABES.

Boniface gouvernait l'Afrique pour l'empereur Valentinien, lorsque, voulant se révolter contre son prince, il appela les Vandales qui s'étaient emparés de l'Espagne; ceux-ci, au lieu de se faire les alliés d'un traître, se soumirent et surent se mettre en bonne intelligence avec Rome. Mais vaincus plus tard par Bélisaire qui les assiégea dans Hippone, leur affaiblissement ne leur permit pas de résister aux Arabes d'Egypte qui s'emparaient alors de cette province romaine. C'est ainsi qu'ils sont venus dans la Barbarie; leur alliance avec les Maures a altéré leur sang.

On les divise aujourd'hui en deux grandes classes : les Arabes cultivateurs et les Arabes Bédouins.

Les Arabes sont remarquables par la beauté de leur corps; ce sont des hommes fiers, courageux, moins cruels que les Berbères et les Maures.

Les cultivateurs habitent des chaumières faites de roseaux, et leur manière de vivre se rapproche des Berbères. Les Bédouins vivent sous des tentes faites d'une étoffe noire et blanche. Dans chacune de leurs tribus il y a une tente-mosquée. Vêtus comme les Berbères, leurs mœurs, plus douces, ne les rendent pas plus actifs que les Maures. Les femmes filent une étoffe grossière qui se rapproche beaucoup de notre flanelle. Ils font eux-mêmes leurs instruments aratoires. Comme les troupeaux ne coûtent rien à nourrir, les Arabes en ont de très-nombreux. Les chameaux sont pour eux de véritables maisons ambulantes; cependant les chevaux sont ceux des animaux domestiques qu'ils affectionnent le plus.

Des melons, des citrouilles, des concombres, des poivres longs composent tout leur potager. Les Arabes Bédouins font la guerre aux bêtes féroces et aux autruches, pour vendre la peau des unes et les plumes des autres.

Les Arabes sont toujours les Arabes du premier âge du monde. Rien n'a changé pour eux, si ce n'est leurs armes : le fusil a remplacé l'arc.

Le dey d'Alger avait annoncé aux Arabes que les Français étaient de véritables poules, et que s'ils voulaient ils pourraient s'emparer de toutes nos richesses. L'événement leur fit bien voir le contraire.

Sur le champ de bataille ils enlèvent leurs morts à l'aide d'un crochet attaché à une corde, les saisissent et les entraînent au galop, persuadés que si des chrétiens leur donnaient la sépulture, le paradis ne leur serait point ouvert.

LES JUIFS.

Pendant que les Maures possédaient l'Espagne, ils permirent aux Israélites de s'établir parmi eux et de se livrer au commerce. A Alger leur liberté était si restreinte, qu'ils n'avaient pas même le droit de monter à cheval dans la ville. L'un d'eux demanda un jour à une sentinelle française, placée à l'une des portes de la ville, s'il pouvait rester sur sa mule : « Qu'est-ce que ça me fait? répliqua celle-ci, va dessus, va dessous. »

Une personne qui a longtemps habité la Barbarie dit que les caractères physiques des Juifs français, allemands, etc., sont absolument les mêmes que ceux des Juifs de l'Afrique, et elle ajoute : « S'ils changeaient de costumes entre eux, on ne pourrait pas dire quels sont ceux d'Afrique et quels sont ceux d'Europe. » A Alger, les mœurs des Juifs sont assez semblables à celles des Maures; leur manière de vivre est propre à leur nation. L'amour du commerce est inné en eux, à ce point que les petits enfants se livrent à l'industrie dès l'âge le plus tendre. Les Juifs redoutent beaucoup les Turcs qui leur ont fait perdre plusieurs de leurs priviléges.

LES TURCS.

Nous avons expliqué dans un article précédent comment les Turcs étaient venus à Alger. On sait l'extrême influence qu'ils y exercent. Rebut de l'empire ottoman, il n'est pas étonnant qu'ils aient été quelquefois de hauts personnages dans un repaire de brigands. Lorsqu'un Turc était entré au service du dey, le grand seigneur n'avait plus prise sur lui. Un pareil avantage en attirait beaucoup, comme on peut le croire; aussi il s'en faisait une abondante recrue.

En s'alliant aux femmes maures ou aux esclaves chrétiennes, les Turcs donnèrent naissance aux *Koulouglis* dont nous parlerons plus loin.

Industrie.

Tous sont extrêmement loyaux en affaires, quoique leurs marchandises proviennent souvent du butin; plusieurs d'entre eux sont riches, et possèdent aux environs d'Alger de magnifiques maisons de campagne entourées de jardins.

Etat politique.

Comme nous l'avons déjà dit, les Turcs sont les maîtres, et décident même de la vie du dey. En temps de guerre, ils deviennent les chefs naturels des barbares appelés à secourir la Régence. Au combat de Staoueli on les a vus frapper du plat de leur sabre les Berbères et les Arabes qui n'avançaient point.

La personne d'un Turc dans la régence d'Alger est aussi sacrée que celle d'un roi européen. Pour en avoir tué un, on était brûlé vif ou empalé. C'est par une telle sévérité qu'ils parvenaient à se faire craindre, à tel point que trois mille hommes suffisaient pour asservir trois cents lieues carrées, tandis qu'il nous faut à nous quinze mille hommes pour trois lieues seulement.

Instruction.

En cela ils sont bien inférieurs aux Maures; les secrétaires du pacha étaient les seuls qui sussent lire et compter.

Religion.

Leur religion est la même que celle des Maures et des Arabes, c'est-à-dire qu'ils sont Mahométans. Cependant on regarde les Turcs comme beaucoup moins superstitieux; leur vénération pour les tombeaux est celle de tous les Barbares, et nous avons déjà eu occasion d'en parler. Aux environs d'Alger les monuments funèbres sont en marbre travaillé en Italie.

Mœurs et coutumes.

Les Turcs n'ont point soutenu devant l'armée française la réputation de bravoure qu'on leur avait faite. Au col de Tenia trois cents d'entre eux, soutenus par deux mille Barbares qui nous jetaient des pierres, se laissèrent repousser par un détachement du 37ᵉ de ligne. Lors de notre entrée dans la ville ils déposèrent les armes avec une tranquillité toute pacifique. Et cependant ils étaient cruels au point de répondre par des coups de sabre aux bonnes raisons alléguées par leurs créanciers.

On ne trouve pas chez eux la sobriété des Maures et des Arabes : ils vivent le mieux possible.

Une coutume singulière, relative aux Turcs, c'est que le gouvernement ne les rachète jamais lorsqu'ils sont pris par des navires européens. La loi les regarde comme morts et adjuge leurs biens à l'Etat. La première de ces sévérités doit son origine à une institution de l'ordre de Malte; la seconde est un raffinement de politique, qui a pour objet d'engager ces pirates à une défense plus obstinée.

LES KOULOUGLIS.

Les Koulouglis sont fils des Turcs et des Mauresques, ou des chrétiennes. Les enfants nés de ces unions jouissaient des mêmes priviléges que leurs pères.

Leur taille est belle, et toute leur apparence fort convenable; mais ils sont encore plus nonchalants que leurs parents. Pour la plupart riches, ils n'exercent aucune industrie, et sont, par l'élévation de leur esprit, beaucoup au-dessus des autres habitants de la Régence. On leur prête, avec quelque raison, de mauvaises mœurs; ce qui fait encore plus regretter pour ces peuples l'absence des ministres de Jésus-Christ, qui certainement les rappelleraient à une conduite meilleure. Avec eux se termine l'histoire des sept races d'hommes existant en Barbarie.

L'état de dégradation politique où les janissaires turcs tenaient les Koulouglis, les Maures et les Arabes, fit naître en 1628, vers le même temps où le cardinal de Richelieu établissait dans les environs d'Oran le bastion de France, un complot entre ces trois portions de la population barbaresque, pour secouer le joug de ces despotes : la conspiration ayant échoué, les Turcs construisirent une pyramide avec les milliers de têtes qu'ils abattirent, afin de laisser un monument de leur vengeance. Les Koulouglis furent exclus, pendant plusieurs années, du service militaire et privés de leur solde. Les besoins urgents de l'Etat les rendirent au service par la suite, mais avec certaines restrictions.

Maladies les plus communes en Afrique.

Bien que le climat soit aussi sain en Afrique qu'en Europe, il y a cependant quelques endroits marécageux où règnent des fièvres intermittentes qui proviennent des exhalaisons méphitiques qui s'en exhalent. La peste apportée d'Egypte a souvent désolé la Régence ; l'influence du soleil sur les yeux et les têtes rasées des Algériens, jointe à la fraîcheur des nuits d'été, pendant lesquelles un grand nombre couchent dehors, détermine beaucoup d'*ophthalmies*. Cette maladie étant négligée dégénère en cécité ; on voit souvent des enfants de dix à douze ans qui ont déjà perdu la vue. Les Arabes, les Berbères, les Juifs, qui vivent dans la plus grande malpropreté, sont souvent exposés à des maladies de peau. Les Turcs et les Maures en sont exempts par la raison contraire.

L'*éléphantiasis* est un mal qui fait venir les jambes d'une grosseur énorme.

L'*hydropisie* est fort rare. Dans une expédition récente, des soldats trouvèrent un Nègre qui en avait une énorme, et comme on lui conseillait pour tout remède de se faire donner un coup de sabre à travers le ventre, il trouva le remède trop violent et n'en usa point.

La *rage* est inconnue dans la Régence ; la *folie* est fort respectée : on croit que les aliénés sont des saints.

Des remèdes.

Le principal remède que les Algériens emploient contre ces maladies sont des pratiques ridicules qui leur sont commandées par les devins, qu'ils vont consulter lorsqu'ils sont malades. Cependant ils connaissent les propriétés de plusieurs plantes, dont ils se servent pour leur guérison. Ils appliquent sur les plaies des feuilles de morelle, et les lavent avec une décoction de feuilles de mauves. Les Berbères se mêlent du pansement des plaies et des opérations chirurgicales ; le plus souvent les gens traités par eux meurent. Sur le champ de bataille les Berbères pansent leurs blessés avec de la laine qu'ils coupent sur des peaux de mouton dont ils ont mangé la viande. Cette méthode réussit quelquefois.

Personne ne sait remettre les membres fracturés ; presque toujours on en vient à l'amputation. Le blessé pose le membre sur une espèce de billot ; l'opérateur le coupe d'un seul coup. Deux hommes saisissent le patient et lui trempent la partie coupée dans un pot rempli de goudron fondu qui a été préparé à l'avance. Ce remède affreux réussit quelquefois. Les habitants des villes sont moins sujets aux maladies ; ce qu'il faut attribuer à leur plus grande propreté.

Les Algériens, en cela plus raisonnables que les peuples d'Europe, ne sont nullement honteux des défauts naturels ou accidentels du corps. Les difformes ne se trouvent pas offensés d'être appelés le boiteux, le bossu, le borgne, l'aveugle ; au contraire, ils ajoutent ce défaut à leur nom pour se distinguer de leurs parents ou de leurs homonymes.

On ne prend aucune précaution contre la peste ; c'est, selon eux, s'opposer aux décrets de la Providence. En 1720, lors de la peste de Marseille, ils prirent seulement quelques mesures sanitaires.

CHAPITRE V.

DES DIVERSES DIVISIONS DU ROYAUME D'ALGER.

La Régence n'a point toujours eu la même division. La plus ancienne de celles que nous connaissions remonte au temps de Massinissa et de Syphax. Les possessions algériennes actuelles se trouvaient partagées entre ces deux princes ; la partie orientale appartenait au premier, et s'appelait Numidie ; la deuxième, nommée Mauritanie, était commandée par Syphax. Après la mort de ce dernier, tué dans la guerre contre les Romains, Massinissa devint roi des deux parties qui se confondirent sous le seul nom de Numidie. Les provinces conservèrent cependant leur désignation particulière.

Plus tard elle appartint à Jugurtha, et enfin, quarante-sept ans avant Jésus-Christ, César la réduisit en province romaine. Ce que l'historien Salluste nous dit de cette contrée, se rapporte parfaitement à nos propres observations. Ainsi, après deux mille ans, ce peuple est toujours le même.

Vers le IIIe siècle une circonscription fut opérée, et aux deux provinces en furent substituées trois :

1° La Numidie ;
2° La Mauritanie césarienne ;
3° La Mauritanie (dans les terres).

Etat ancien.

Les premiers habitants de la Barbarie étaient des peuples pasteurs tout à fait barbares, lesquels, par leurs alliances avec les soldats de l'armée d'Hercule, passés d'Espagne en Afrique, produisirent les Numides et les Maures, qui, pendant une longue suite de siècles, furent les seuls possesseurs du pays. Les Numides, ennemis du luxe et de la mollesse, estimantla liberté plus que les autres biens, restaient dans les montagnes où ils avaient des forteresses naturelles contre ceux qui cherchaient à les attaquer ; en outre, de l'eau en abondance, une végétation magnifique, et d'excellents pâturages pour leurs troupeaux.

Les Maures, au contraire, plus portés à jouir des douceurs de la vie, et bons marins, s'établirent le long des côtes où ils bâtirent des villes bientôt florissantes Telle fut Carthage, la rivale de Rome. On sait quels combats elles se livrèrent, et personne n'ignore laquelle des deux l'emporta. La charrue passa à l'endroit même où Carthage s'élevait autrefois. Cependant ses vainqueurs eux-mêmes la reconstruisirent. Alors Carthage n'était plus Carthage, c'était pour Rome une ville de province. Malgré cet état de décadence, les côtes d'Afrique furent encore l'objet des attentions des Romains, qui y construisirent des forts.

A l'époque où les Barbares bouleversaient l'Europe et ravageaient l'Italie, les Romains établis en Afrique secouèrent le joug de Rome, et demandant des secours aux Vandales qui étaient alors maîtres de l'Espagne, s'avancèrent jusqu'aux Colonnes d'Hercule, en s'emparant de toutes les places fortes soumises à l'empereur Valentinien.

Le comte Boniface, gouverneur d'Espagne, était entré dans leur révolte. Il ne lui fallut pas longtemps pour reconnaître qu'il s'était plutôt donné des maîtres que des alliés; car bientôt la possession de l'Espagne lui fut aussi disputée. Les Romains y restèrent en payant un tribut à l'empereur qui l'accepta. Cependant, sous Justinien, Bélisaire les attaqua et les vainquit en Afrique, démantela leurs forteresses, et réduisit la colonie à un état infirme.

Mais la faiblesse de l'Empire augmentant tous les jours, on ne se maintint pas vigoureusement en Afrique; des corps entiers de l'armée romaine firent alliance avec les peuples qu'ils étaient chargés d'asservir, et formèrent des tribus indépendantes. A cette époque les Maures avaient déjà embrassé le christianisme, et, selon toute probabilité, ils fussent restés chrétiens, si les Arabes, venus de l'Egypte, ne leur avaient plus tard imposé la religion de Mahomet.

Les vues de ces Barbares victorieux se portaient alors sur notre Europe, et en 712 ils commencèrent à s'emparer de l'Espagne. Mais au XIe siècle les différents rois chrétiens établis vers les Pyrénées, secouant le joug, en 1492 leur expulsion fut complète.

Le même roi qui les vainquit alors, Ferdinand d'Aragon, résolut de poursuivre ses ennemis jusque sur la côte d'Afrique où ils s'étaient réfugiés. Cette expédition eut le plus heureux succès ; les Espagnols, possesseurs des villes les plus importantes de la côte, reçurent de toute part des témoignages de soumission. C'est alors que, profitant de la circonstance, ils formèrent sur la côte des établissements de commerce. En 1708 ils perdirent la plupart de ces avantages : les Algériens les chassèrent ; mais vingt-quatre ans plus tard un général espagnol reprit Oran et tous ses forts.

En 1790 Oran fut renversé par un tremblement de terre, et les Espagnols se retirèrent. Dès lors aucune nation européenne ne forma d'établissement sur les côtes d'Afrique ; leurs vaisseaux n'y arrivaient qu'avec l'autorisation expresse du dey d'Alger ou des beys de Tunis et de Tripoli. Ces Etats relevaient de la Porte-Ottomane, et s'exerçaient, comme on le sait, à la piraterie. La haine du nom chrétien, avec lequel ils furent si longtemps en guerre, excitait leur fureur, et, dans les prises qu'ils faisaient, l'asservissement des vaincus était pour eux une joie égale à celle du butin qu'ils en retiraient.

CHAPITRE VI.

LES RUINES.

La régence d'Alger contient toutes les contrées qui composaient autrefois le royaume de Numidie. Jules César en fit une province romaine, et en confia le gouvernement à l'historien Salluste, qui y commit de nombreuses déprédations. Alors les Romains occupaient à peu près tout le pays dont nous sommes maîtres aujourd'hui; mais, ainsi que nous, ils n'avaient pu dompter ces terribles Kabaïles qui, encore aujourd'hui, se sont conservés purs dans les parties montueuses de la Régence. On les appelait alors Gétules.

Cyrta (Constantine) était la capitale des rois de Numidie, suzerains de Rome. La Régence était on ne peut plus florissante sous la domination romaine. Dès le IVe siècle on comptait plus de quatre cents villes épiscopales; les plus importantes étaient Julia Cæsarea (aujourd'hui Cherchel), Lanigara (Tlemcen), Victoria (Mascara), Collum (Collo), Hyppo-Regius (Bone), Carthago (Carthage).

Toutes ces villes étaient dans l'état le plus prospère; nous allons dire maintenant quelles sont celles dont les monuments en ruines laissent quelques souvenirs.

Les plus intéressantes sont certainement celles d'Hippone dont saint Augustin fut évêque.

M. L. d'Elissald officier de marine, que son savoir et ses judicieuses observations ont placé d'une manière si distinguée dans l'arme dont il fait partie, écrivait d'Alger le 7 février 1834 :

« Nous sommes arrivés le 24 juin à Bone ; mais contraint par les vents, je me suis empressé d'aller voir les ruines d'Hippone, cette ancienne ville dont saint Augustin fut évêque, ruines qui sont à vingt-cinq minutes de marche de Bone. Les vestiges importants appartiennent à un assez grand bâtiment carré, divisé en grandes salles voûtées, avec des ouvertures pratiquées dans la route elle-même des salles principales. Les murailles latérales sont très-épaisses ; il y a peu de pierres de taille employées. Presque toute la bâtisse est en briques ou en petites pierres fortement unies par le ciment. Ce genre de bâtisse me rappelait très-bien celui du palais des Thermes de la rue de la Harpe ; mais le tout est infiniment mieux conservé. »

Rustonium.

Dans l'antiquité romaine nous trouvons dans la Mauritanie Césarienne une petite ville appelée *Icosium*, que les indications de Ptolémée, de Pomponius Mela et de Pline permettent de placer à l'endroit où se trouve aujourd'hui Alger. Quand le christianisme a conquis l'Afrique, elle relevait de l'évêché de *Rusguniæ*, dont les ruines s'appellent aujourd'hui Tamesfous ou Matifou, l'un des quatre cents évêchés représentés par leurs pasteurs au concile de Carthage. Au v* siècle, la Mauritanie fut ravagée par les Vandales, puis reprise par Bélisaire. Affaiblie par ses longues guerres, elle fut aisément conquise, deux siècles plus tard, par les Omaiades.

Les Arabes qui s'y sont établis se déclarèrent indépendants, et plusieurs dynasties, nées de la guerre et renversées par elle, gouvernèrent, puis partagèrent le pays. C'est d'un de ces petits royaumes qu'Alger devint la capitale.

Au cap Matifou, les murs de la plus grande partie de l'antique Rustonium s'élèvent au-dessus des broussailles qui couvrent la terre ; sur les routes d'Oran et de Constantine on voit encore des colonnes debout, des fontaines et des aqueducs, des citernes parfaitement conservées, des restes de murs des tombeaux druidiques.

Utique.

La ville d'Utique était à douze ou quinze lieues d'Alger, entre le cap Matifou et Bougie ; jusqu'à présent on n'a encore reconnu aucun indice de sa position. Il est probable, remarque M. Armand Pignel, que la mer en aura enseveli les ruines.

Carthage. — Cirta. — Suffétula.

Les débris de la grandeur et de la magnificence de Carthage, la rivale de Rome, et l'une des villes les plus commerçantes de l'antiquité, ne sont pas aussi importants qu'on pourrait le croire ; car à une petite distance on les aperçoit à peine sur le terrain où ils gisent confondus. Les vestiges de ces arcs de triomphe, de ces colonnades de porphyre et de granit, de tant de superbes monuments, modèles de l'architecture grecque, ne sont plus reconnaissables : tout a disparu, comme disparaîtront à leur tour la plupart des villes florissantes aujourd'hui sur la terre.

Carthage est à quelque distance de Tunis. Au milieu de ses ruines est un vaste bassin d'une grande profondeur, qui communiquait autrefois avec la mer par un canal dont il existe encore quelques débris.

Ce bassin paraît avoir été le port intérieur de Carthage. On voit aussi quelques piles de la digue construite, dit-on, par ordre de Scipion pour bloquer le port. La majeure partie de la ville s'élevait sur trois collines. Dans un endroit qui domine le rivage oriental de la mer, on trouve l'emplacement d'une chambre spacieuse, qui communique à plusieurs autres petites. Dans toutes sont des restes de colonnes de porphyre et de très-beaux marbres.

En se dirigeant le long du rivage, on trouve les égouts qui ont été peu endommagés par le temps ; après ceux-ci ce sont les citernes qui ont le moins souffert. Quelques-unes servent aujourd'hui à l'usage public des habitants de Tunis. L'extrême fini de ces ouvrages est la cause de son extrême durée.

Il y a une construction qui formait autrefois le temple d'Esculape ; les pierres de fondation sont très-grandes. Quant aux monnaies que les Bédouins trouvent dans les fouilles qu'ils font, c'est toujours aux Juifs qu'ils les vendent.

Carthage, plusieurs fois rebâtie par les Romains, n'avait point perdu son génie commerçant ; elle partageait avec l'Egypte le privilége d'approvisionner les marchés d'Italie. Son port, ses quais, ses édifices faisaient, dit M. Villemain, l'admiration des étrangers. Une de ses rues, que l'on appelait la rue Céleste, était remplie de temples magnifiques ; une autre, celle des *Banquiers*, étincelait de marbre et d'or. La nouvelle Carthage ne négligeait point les poëtes ; elle avait des écoles nombreuses et célèbres où l'on enseignait l'éloquence et la philosophie ; de longs voiles blancs, suspendus à la porte de ces écoles, annonçaient que sous les fables des poëtes se cachent d'utiles vérités. Carthage avait aussi des théâtres empruntés aux Romains ;

5.

les plus beaux ouvrages dramatiques de l'ancienne Rome et les meilleures imitations de la tragédie grecque y étaient représentés. Les comédies que l'Africain Térence, esclave en Italie, avait fait admirer des Romains, étaient maintenant applaudies dans sa patrie ; les gens de lettres se vantaient de ses suffrages et l'appelaient la muse d'Afrique.

En 1720 le docteur *Thomas Shaw*, nommé chapelain du comptoir d'Alger, résida douze ans environ dans cette ville. Pendant ce long séjour il fit plusieurs excursions dans l'intérieur des gouvernements de Tunis et d'Alger ; dans sa relation il ne parle point de ses propres aventures, mais il détaille avec le plus grand soin les curiosités naturelles et les objets d'art que renferme la Régence.

Les admirables restes de l'art et de la magnificence des Romains, épars sur toutes ces contrées, attirèrent particulièrement l'attention du docteur Shaw.

Carthage, le plus célèbre nom de l'Afrique ancienne, n'offre cependant, comme nous l'avons dit plus haut, que des vestiges souterrains. Le territoire de Constantine, l'ancienne Cirta, est tout couvert de murailles brisées, de citernes et autres ruines. Ces monuments étonnent l'œil du voyageur par leurs vastes proportions. Sersel, l'ancienne Julia Cæsarea, donne aussi la plus haute idée de la magnificence des anciens par ses colonnades, ses chapiteaux, ses vastes citernes et ses superbes pavés de mosaïque. Quelque révolution de la nature a sans doute plongé l'ancien port sous les eaux ; on aperçoit encore les restes de ses piliers et de ses épaisses murailles. *Sbailla*, jadis *Suffetula*, contient des ruines d'une beauté remarquable, entre autres un arc de triomphe et trois temples, dont certaines parties sont intactes.

On admire à El-Gemme les mines d'un amphithéâtre composé de soixante-quatre arcades.

Plusieurs ports, fort connus du temps des Romains, sont aujourd'hui comblés ; tels sont, par exemple, ceux de Collo, de Dahmouse, de Cherchel.

CHAPITRE VII.

ÉGLISES D'AFRIQUE.

Après la ruine de Jérusalem, le nom de chrétiens fut presque généralement donné aux habitants de la Palestine, de l'Egypte, et à ceux des côtes nord de l'Afrique. Le siége apostolique ayant été établi à Rome par saint Pierre, cette ville fut nommée la première, et Alexandrie fut comptée comme la seconde. C'était, dès ce temps-là même, une ville importante par son commerce; les marchandises précieuses des Indes y venaient par la mer Rouge. Saint Marc y avait assemblé une église très-nombreuse, et dès le 1er siècle le sang coula abondamment en Afrique. Vers le commencement du iiie siècle eut lieu la cinquième persécution, qui s'exerça surtout en Egypte. Léonide, père d'Origène et citoyen d'Alexandrie, couronna par le martyre une vie sanctifiée par tous les devoirs de son état, et spécialement par un soin extraordinaire de l'éducation de son fils, plus admirable encore par les bénédictions dont le prévenait la grâce que pour ses talents naturels. La persécution ne fut pas moins violente dans le reste de l'Afrique : les premières victimes furent prises dans la ville de Scllita, puis amenées à Carthage au nombre de douze, tant de l'un que de l'autre sexe. Parmi elles étaient deux Gaulois, illustres prémices du sang français; leurs actes sont les plus authentiques, et revêtus de tous les caractères de la sainte et vénérable antiquité. Deux femmes, Perpétue et Félicité, donnèrent à ce triomphe sa principale splendeur, ainsi que le remarque saint Augustin, qui ne parle d'elles qu'avec admiration.

Sous une oppression aussi effroyable, et qui se répandit dans les Gaules, comme le constate une inscription trouvée au XVIIe siècle, le nombre des victimes doit être évalué à quatre-vingt mille personnes. L'Eglise avait besoin d'une protection toute particulière; l'Afrique eut la gloire de voir naître Tertullien qui, en cette occasion, devint l'instrument de la Providence. Tertullien, génie vif, ardent, subtil, d'une vaste érudition, d'une éloquence à la vérité aussi dure que nerveuse et défectueuse à différents égards, avait le grand art d'émouvoir, d'entraîner les multitudes; il eut le malheur de s'engager dans une hérésie et d'y persévérer. Tertullien avait des sujets de plainte contre les ecclésiastiques de l'Eglise romaine; son devoir lui prescrivait de les séparer de la cause même de l'Eglise, mais son ressentiment l'emporta. Exemple effrayant, et qui doit nous apprendre à ne point juger de la doctrine par les personnes qui la professent.

La mort de l'empereur Sévère arrêta la cinquième persécution. Le Seigneur a ménagé ainsi ces alternatives à son Eglise, d'une manière d'autant plus merveilleuse qu'elle dut souvent sa tranquillité à des princes qui paraissaient nés pour la tourmenter. Ainsi le successeur de Sévère Antonin, Caracalla, tout malfaisant qu'il était, ne persécuta jamais les fidèles, et les catholiques africains goûtèrent quelque repos.

Dès le temps de saint Cyprien, au milieu du IIIe siècle, l'Église d'Afrique comptait plus de deux cents évêques qui présidaient dans toutes les villes les sociétés chrétiennes, chaque jour plus nombreuses ; et telle était dans ces temps reculés l'influence de la civilisation ecclésiastique sur l'esprit du peuple, qu'une bourgade auparavant à demi-sauvage, une petite ville reculée et voisine du désert, recevait par la parole des prêtres ces mêmes livres, cette même science du christianisme qui déjà faisait l'orgueil de la Grèce et de Rome.

Aussi la persécution qui eut lieu alors trouva-t-elle de nombreux martyrs ! Les païens conservaient un secret dépit contre Cyprien, de ce qu'étant né idolâtre comme eux, et faisant concevoir par ses talents les plus hautes espérances, il avait transporté tous ces avantages au christianisme. On cria plusieurs fois dans les places publiques d'Alexandrie ces paroles menaçantes : « Cyprien aux lions ! aux lions Cyprien ! »

Beaucoup de fidèles se retirèrent jusque dans les déserts immenses de l'Arabie, où il en périt une infinité de faim et de misère. D'Alexandrie et de toute l'Egypte on s'enfonçait dans les solitudes de la Thébaïde, et, le Seigneur tournant au bien de l'Eglise la malignité même de ses ennemis, donna ainsi l'origine à la vie érémitique, qui forma dans les lieux les plus incultes des peuples entiers de saints, dont Paul fut le premier.

Mais si le martyre procura de si grands avantages à l'Eglise, on ne saurait néanmoins dissimuler qu'en différents endroits elle ne l'ait accablée de douleur et de confusion. Le scandale fut grand à Carthage, tant étaient nombreux les apostats.

« Quelle honte ! leur écrivait saint Cyprien, Jésus-Christ aussi vous reniera. » Le saint évêque eut encore un autre sujet de désolation dans la conduite de quelques prêtres qui lui suscitèrent de graves embarras ; à mesure qu'ils se dissipèrent, le saint s'appliqua à la répression des abus ; mais bientôt la persécution recommença, et sur l'ordre du proconsul *Paterne*, Cyprien fut conduit en exil à la petite ville de Curube, située sur la côte d'Afrique ; plusieurs autres évêques, et un très-grand nombre de prêtres bannis en même temps que lui, furent dispersés en des lieux sauvages, où ils eurent mille incommodités à souffrir. Cette nouvelle persécution dura très-longtemps; elle se prolongea bien après la mort de saint Cyprien. Mensurius, son successeur à Carthage, fut obligé d'en sortir, et il allait y rentrer lorsqu'il mourut.

Enfin un peu de calme ayant été rendu à l'Eglise, les évêques africains se réunirent à Cirta, qui est aujourd'hui Constantine, et prirent des mesures pour arrêter et punir la prévarication. Il se tint à Carthage plusieurs conciles que Rome approuva. D'autres rigueurs fortifièrent le zèle de ces peuples, jusqu'à ce qu'enfin la paix fut donnée au monde par Constantin. A la mort de ce prince, Constant, le plus jeune de ses trois fils, eut en partage l'Italie, l'Illyrie et l'Afrique.

Vers le milieu du IIIe siècle, l'Afrique, encore tyrannisée, reçut la visite d'une illustre servante de Dieu, sainte Mélanie, distinguée par sa naissance et sa piété.

Mélanie se trouvait en Egypte comme la persécution s'y exerçait contre les catholiques, et surtout contre les solitaires.

Elle crut ne pouvoir mieux employer ses richesses, qui étaient immenses, qu'à soulager les confesseurs. Pendant quelques jours elle en nourrit jusqu'à cinq mille. Le soir elle se déguisait en esclave et pénétrait dans les cachots. Le gouverneur l'ayant fait arrêter, elle se nomma et put librement continuer ses œuvres de charité. Ce fut quelques années après qu'eut lieu la conversion de saint Augustin. En vain sa mère, sainte Monique, s'était-elle efforcée d'inspirer à ce jeune homme la piété. La dissipation et le jeu l'emportèrent. Partout il traînait après lui les mêmes faiblesses, et partout il les augmentait, loin de les guérir. L'oisiveté des petites villes, la licence des grandes, les spectacles du théâtre pour lesquels il était passionné, tout nourrissait en lui ce fonds de sensualité qui énervait son courage, et qui le rendait de jour en jour plus incapable de secouer les chaînes sous lesquelles il ne laissait pas que de gémir, car avec une âme naturellement droite, poursuivi d'ailleurs par la grâce, Augustin devait changer.

Il faut lire dans ses propres ouvrages le

récit de ses émotions lorsqu'une voix intérieure le pressait de changer de vie. « Je frémissais dans mon âme, et je m'indignais, de l'indignation la plus violente, contre mes lenteurs à fuir dans cette vie nouvelle, dont j'étais convenu avec Dieu, et où tout mon être me criait qu'il fallait entrer. Mais lorsqu'une méditation attentive eut tiré du fond de moi-même toute ma misère et l'eut entassée devant mes yeux, je sentis s'élever en moi un orage chargé d'une pluie de larmes. »

Le saint ouvrit alors le livre des Épîtres de saint Paul, et lisant le chapitre où il est dit : « Ne vivez pas dans les festins, dans l'ivresse, dans les plaisirs et les impudicités, dans la jalousie et les disputes ; mais revêtez-vous de Jésus-Christ, et n'ayez pas de prévoyance pour le corps au gré de vos sensualités, » il ferma le livre, et dès ce moment il fut acquis à Dieu.

Une lettre, une seule lettre de saint Augustin résume tout entière l'histoire d'Afrique au temps où les Vandales s'en emparèrent : cette lettre est adressée au comte Boniface qui, par orgueil, perdait sa patrie. Le langage du saint, dans cette occasion, entièrement inspiré de la morale de l'Evangile, est une admirable page. La guerre fut affreuse. Les Vandales ravagèrent toute cette côte de l'Afrique, couverte de cités commerçantes. Ils massacrèrent les prêtres et les femmes. Trois villes seulement, Carthage, Hippone et Cirta résistèrent à leurs fureurs. Dans ce chaos de misères, Augustin donnait les plus beaux exemples de courage et de charité. Véritable soldat de Jésus-Christ, il exhortait les prêtres à ne point abandonner le malheureux peuple, parce que dans ces temps de carnage, disait-il, les uns demandent le baptême, les autres veulent se confesser. Augustin prit pour lui-même le conseil de dévouement qu'il donnait : il refusa de quitter Hippone, assiégée par les Barbares, et s'enferma dans cette ville, où le gouverneur d'Afrique, Boniface, vint se réfugier avec les débris de ses troupes, pour échapper aux Vandales, qu'il avait traîtreusement appelés. Le saint évêque mourut pendant le siége, le cœur déchiré par les maux de sa patrie.

Aussitôt après leur première victoire, les Vandales se répandirent sans obstacle par tout le pays, dans les villes comme dans les villages, tout se soumettant ou fuyant devant eux. Il n'y eut que Cirta (Constantine) et Carthage, avec Hippone, qui leur donnèrent la peine de former des siéges. Partout on ne voyait que villes ruinées, édifices en feu, citoyens errants ou égorgés sur les chemins. On réduisit à la plus dure servitude ceux qui avaient occupé les premières places; les femmes de la plus haute distinction, qui avaient eu des troupes d'esclaves à leurs ordres, se voyaient contraintes de rendre à de féroces et grossiers dominateurs les services les plus abjects et les plus pénibles. Les Vandales étaient chrétiens, mais ariens furieux, et non moins animés contre les catholiques, et d'une impiété non moins féroce que quand ils étaient idolâtres. Le culte public fut absolument et longtemps interrompu; les choses saintes furent profanées et brûlées de toutes parts. On poursuivit les prêtres avec une rigueur extrême. Salvien parle des Africains, dont il flétrit le caractère, avec la plus vive éloquence. » Les peuples barbares, dit-il, ont chacun leur vice, mais n'ont pas tous les vices ensemble, les Africains seuls les réunissent tous. Qui a jamais regardé l'Afrique, ajoute-t-il, comme une terre ordinaire, et non pas plutôt comme un immense foyer des passions?»

Cet orateur véhément, qui vivait au temps de la conquête des Vandales, rend hommage au pouvoir de la religion sur les mœurs des Africains même.

La persécution des Vandales dura soixante-six ans. Sous Hildéric, les évêques bannis eurent la liberté de revenir dans leurs églises, et de donner des pasteurs à celles qui étaient vacantes, premièrement à Carthage où l'on élut Boniface. Tout le peuple courait à la rencontre des ministres de Dieu. On se pressait surtout vers Fulgence, qui, après être demeuré quelques jours dans la capitale, se rendit dans son diocèse, où il mourut. Boniface convoqua un concile général en 525, auquel assistèrent soixante évêques, et dans lequel le prélat prit la parole pour rendre grâces à Dieu de la liberté de l'Eglise et de cette nombreuse assemblée; on y régla la doctrine de l'Eglise, et par de sages dispositions on assura la prospérité des catholiques. En 553, Bélisaire expulsa les

Vandales. Ces provinces ne renfermaient plus qu'une population timide, peu nombreuse et languissante, lorsque les Arabes, animés par le fanatisme ardent d'une nouvelle religion, pénétrèrent dans ces contrées pour les soumettre au joug de l'islamisme. Ils n'y trouvèrent aucune résistance. Les chrétiens qui purent se préparer des moyens de départ passèrent en Grèce et en Italie. Les autres se soumirent, adoptèrent la croyance de leurs nouveaux maîtres et se confondirent avec eux.

CHAPITRE VIII.

PIRATERIE.

De l'établissement de la piraterie, et des tentatives faites pour la détruire.

Ce fut d'abord avec douze galères que la piraterie s'exerça dans la Méditerranée, au commencement du xii° siècle. Le fondateur de ce brigandage devint célèbre sous le nom de Barberousse, surnom qui lui avait été donné à cause de la couleur de sa barbe.

Puissants et redoutés, Barberousse et ses compagnons aspirèrent à jouer un rôle plus relevé que celui de vagabonds. Ils conçurent alors l'idée de fonder un établissement, ce qu'ils obtinrent presque aussitôt en s'emparant d'Alger, dont le roi les avait appelés.

Dès-lors les côtes d'Espagne et d'Italie furent infestées de grands armements. Charles-Quint reconnut la nécessité de mettre un frein aux progrès du redoutable pirate. Un bombardement eut lieu. Contraint de sortir d'Alger, Barberousse fut tué en combattant aux environs de Tlemcen.

Après sa mort, son successeur, aussi nommé Barberousse, se mit sous la protection de la Porte Ottomane. Il reçut d'elle un secours considérable en hommes et en argent. Plus puissant malgré la défaite de son prédécesseur, ses déprédations attirèrent de nouveau Charles-Quint, qui le chassa de Tunis où il était. Plassen-Aga, qui fut nommé après lui, était plus féroce encore que ses prédécesseurs. Charles-Quint résolut une seconde expédition qu'il commanda lui-même. Sa flotte fut assaillie et presque détruite par la tempête.

L'empereur avait débarqué à quatre lieues d'Alger, où une plus grande déroute l'attendait encore. Un temps épouvantable laissa toute son armée dans la boue, exposée aux vents et à la pluie. Ses provisions furent gâtées. Obligés de regagner leur flotte, qui était à trois grandes journées de là, les Impériaux pouvaient désespérer de revoir leur patrie. Mais le courage du roi les soutint, et ils furent sauvés. Cette défaite consterna l'Europe, tandis que les Algériens, persuadés qu'un de leurs saints avait ainsi agité la mer, reprirent avec plus d'énergie leurs courses maritimes.

On supporta longtemps cette tyrannie, et ce fut Louis XIV, toujours jaloux de ce qui intéressait l'honneur d'un roi, qui le premier tenta de nouveau de châtier les Barbaresques.

Un jeune Béarnais, nommé Renaud d'Élicagaray, souvent appelé dans les conseils du roi, donna de nouveaux plans pour la construction des vaisseaux.

Sous ce règne, Alger fut bombardée deux fois et réduite en cendres. Le bombardement fut si violent et ses effets si désastreux, que les janissaires effrayés demandèrent à capituler. Duquesne y consentit. Le Père Levachu, missionnaire et consul de France, fut désigné pour négocier la paix. Elle allait être conclue, lorsqu'une de ces révolutions communes dans les États barbaresques changea tout à coup le chef de la Régence, et fit passer le pouvoir entre les mains d'un brigand fameux qui ne consentit plus à la paix. On assassina tous les Français qui se trouvaient dans la ville, et l'infortuné consul, placé devant la bouche d'un canon, fut lancé comme un projectile dans la direction de la flotte française. La vengeance de Duquesne fut proportionnée au crime. Le bombardement recommença avec fureur. La flotte algérienne fut détruite, et un quart de la population anéanti.

Ce fut alors que, reconnaissant le grand pouvoir de la France et le danger de son terrible ressentiment, les Algériens envoyèrent à Versailles des ambassadeurs qui demandèrent la paix en suppliant, et reçurent l'ordre de délivrer tous les esclaves chrétiens et de payer au roi une très-forte somme.

En 1688 Alger subit un troisième bombardement, sous les ordres du maréchal d'Estrées, et plusieurs fois l'Angleterre et la Hollande vinrent les châtier dans le cours du xviiie siècle.

Sous le règne du roi Charles III, l'Espagne fit une nouvelle tentative, qui mérite d'être rapportée.

La Péninsule n'avait pas vu sortir une aussi belle armée; depuis longtemps la piraterie n'avait été la cause d'une expédition préparée avec autant de soin, et cependant quel fut son résultat!

L'armement, commandé par le général O'Reilly, était composé de dix-huit mille hommes d'infanterie, huit cents cavaliers et trois mille marins, en tout vingt et un mille hommes, l'élite de l'armée d'Espagne. La flotte qui les portait était commandée par le contre-amiral Castejou, qui comptait en tout quarante-quatre bâtiments de guerre.

Le 30 juin 1775, la première division de cette flotte se montra devant Alger. La division se composait de cent quatre-vingts bâtiments de transport, trois vaisseaux, huit frégates et quatre chebecs. Le reste arriva le 1er juillet. Il faisait un temps magnifique. Tous ces vaisseaux, rangés dans le meilleur ordre, étalèrent, en arrivant, tout ce qu'ils avaient de pavillons, de flammes, etc. Le coup d'œil était superbe, mais peu imposant pour les Algériens accoutumés à mépriser les Espagnols et à compter toujours sur leurs forces, ainsi que cela est arrivé à Hussein-Pacha en 1830.

Le sixième jour après leur arrivée, les Espagnols, voulant prouver qu'ils étaient venus pour attaquer sérieusement, détachèrent un vaisseau pour aller détruire la batterie la plus voisine du lieu où il avait été décidé que s'effectuerait leur débarquement. Ce vaisseau tira quatre heures de suite sans toucher son point de mire, et toutefois les boulets atteignaient bien au delà. Cependant la batterie était si délabrée et si dépourvue de toutes munitions, que ce ne fut que longtemps après les premières volées du bâtiment qu'on la crut en état d'agir. Elle fut enfin démontée, mais les Algériens la rétablirent tranquillement sous le feu de l'ennemi. Enfin, le 8, à deux heures du matin, les Espagnols prirent le parti de débarquer.

Ils le firent sans opposition, entre l'embouchure de la Xamche et le septième des fortins construits dans toute la longueur de la rade. Les Algériens étaient dans la plus complète sécurité, et bien éloignés de soupçonner tant de hardiesse à leurs adversaires. Aussi l'étonnement fut-il grand, lorsque le soleil, en se levant, leur découvrit dix ou douze mille hommes rangés en bon ordre sur le rivage, à quatre milles de la ville. Il se passa bien du temps avant de savoir ce qu'il y avait à faire, et comment on s'y prendrait pour repousser les assaillants.

Les Espagnols eussent pu s'emparer d'une autre batterie, mais ils perdirent leur temps, et cette négligence leur coûta la partie. Après le débarquement ils se rangèrent en bataille et formèrent deux colonnes. L'action dura cinq heures. Le temps était calme et le soleil fut chaud. D'abord, ils eurent quelques succès ; mais s'étant débandés pour suivre les Maures jusque dans les jardins où ils se cachaient, ils commencèrent à être fortement incommodés du feu des troupes du bey de Constantine, qui étaient venues au secours de la place. Le tort des Espagnols était d'avoir caché le feu de leurs vaisseaux qui s'abstinrent de tirer pour ne pas les massacrer eux-mêmes. C'est ce qui n'arriva pas en 1830 aux Français qui, avec leur flotte, formèrent l'angle, et attaquèrent ainsi la ville des deux côtés à la fois. Les Espagnols, bientôt écrasés par des batteries que les Turcs mirent à découvert en abattant deux pans de mur qui les dérobaient à la vue, furent obligés de remonter dans leurs vaisseaux, en laissant sur le sol africain un matériel important et leurs soldats tués ou blessés.

On peut juger, après l'issue honteuse de cette expédition, si le nom chrétien gagna en terreur dans l'esprit des Algériens. Depuis lors, au contraire, ils furent plus audacieux que jamais, et si nos vaisseaux eurent quelque répit au commencement de ce siècle, ce fut à cause du blocus continental, lors de la guerre de Napoléon avec la Grande-Bretagne.

En 1814, la liberté des mers rouvrit le cours de la piraterie; les malheureux habitants des côtes d'Espagne, d'Italie, de Sardaigne et de Sicile étaient journellement exposés à l'apparition des corsaires qui pillaient leurs propriétés, et emmenaient dans les bagnes d'Alger ceux qui ne se dérobaient pas par la fuite à cette cruelle destinée.

L'année 1815 vit éclater la guerre entre Alger et les États-Unis; l'affaire se termina par un traité que les Algériens enfreignirent continuellement. L'Angleterre leur infligea en 1816 un châtiment terrible.

En avril 1816, lord Exmouth reçut de l'amirauté des instructions pour traiter avec les régences Barbaresques la reconnaissance des îles Ioniennes comme possession anglaise, pour conclure la paix entre ces régences et les royaumes de Naples et de Sardaigne, et les obliger, s'il était possible, de renoncer à l'esclavage des chrétiens. Lord Exmouth fit voile pour Alger avec une flotte de cinq vaisseaux de ligne, sept frégates, quatre bâtiments de transport et quelques chaloupes canonnières. Il conclut avec le dey un arrangement qui comprenait à peu près toutes les conditions qu'il avait ordre d'obtenir. Le succès de ces négociations faillit coûter la vie à l'amiral anglais. Les janissaires, qui connaissaient l'objet de sa visite, ne pouvaient contenir leur fureur à son aspect. Vingt fois ils le menacèrent de leurs sabres. Il en fut de même à Tunis, à Tripoli. Tout fut rompu parce que les Barbaresques ne consentaient point à l'abolition de l'esclavage. Bien plus, ils mirent à profit le temps qu'on leur avait donné pour se décider à attaquer de nouveau les navires européens. La maison du consul anglais fut pillée, et des pêcheurs de corail, au nombre de plus de deux cents, furent massacrés dans une église de Bone pendant la célébration de l'office divin. Cet effroyable attentat combla le vase d'iniquité ; un cri d'indignation retentit dans l'Europe entière. Une expédition menaçante fut préparée, et lorsque l'on crut n'avoir plus rien négligé pour le succès, lord Exmouth reçut l'ordre de se diriger vers Alger.

Le 26 août 1816, il se présenta en vue de cette ville, après avoir accepté la proposition du vice-amiral hollandais Van des Capelles de se joindre à lui avec six frégates. L'escadre combinée était forte de trente-deux voiles; on y comptait douze vaisseaux de ligne, parmi lesquels *la Reine-Charlotte*, de cent dix canons; plusieurs frégates et corvettes, entre autres *le Belzébuth* chargé de fusées à la Congrève, que Sa Seigneurie surnomma *le premier ministre du diable* ; cinq chaloupes canonnières et un brûlot. Le lendemain lord Exmouth envoya un parlementaire avec une dépêche, dans laquelle il proposait au dey : 1° de délivrer immédiatement les esclaves chrétiens sans rançon ; 2° de restituer tout l'argent qu'il avait reçu pour le rachat des captifs sardes et napolitains; 3° de déclarer solennellement qu'à l'avenir il respecterait les droits de l'humanité, et traiterait tous les prisonniers de guerre d'après les usages suivis par les nations européennes; 4° de faire la paix. Le dey ne répondit à ces propositions que par l'ordre de tirer sur la flotte anglaise. Cette fois le pirate se fiait sur ses préparatifs de défense; les fortifications avaient été réparées, de nouvelles batteries construites, et par ses soins trente mille Maures et Arabes étaient venus renforcer la milice turque avant l'apparition de l'escadre anglaise. Pendant toute la durée du bombardement, le dey ne démentit point son énergie, et peut-être eût-il réussi s'il avait différé de vingt-quatre heures pour entrer en négociations.

Lord Exmouth fit embosser ses vaisseaux à demi-portée de canon, sous le feu des batteries du port et de la rade. Lui-même se plaça à l'entrée du port, tellement près des quais, que son beaupré touchant les maisons, et que ses batteries prenant à revers toutes celles du môle, foudroyaient les canonnières d'Alger qui restaient à découvert. Cette manœuvre aussi habile qu'audacieuse, et que favorisait l'absence d'un fort dont elle a fait sentir depuis la nécessité aux Algériens, obtint le plus décisif et le plus prompt succès. Ceux-ci, pleins de confiance dans leurs batteries casematées et dans la valeur des équipages de leurs navires qui avaient reçu ordre d'aborder les vaisseaux anglais, se croyaient si bien à l'abri d'une attaque de ce genre, qu'une innombrable populace couvrait toute la partie du port appelée la Marine, afin de contempler avec plus de facilité la défaite des chrétiens.

L'amiral anglais, éprouvant quelque répugnance à foudroyer cette multitude ignorante et insensée, lui fit, de son bord, signe de se retirer; mais il ne fut point compris, et ce ne fut qu'après avoir vu le ravage produit par les premières bordées, qu'ils se dispersèrent en poussant d'épouvantables clameurs.

Cependant les troupes du dey ne partagèrent point cette lâche terreur, et déployèrent au contraire la résistance la plus furieuse et la plus opiniâtre. Pris en flanc par l'artillerie des vaisseaux anglais, ils tombaient écrasés, mutilés ou broyés horriblement. Mais à peine une rangée de canonniers avait-elle été balayée, qu'une autre lui succédait d'un front calme, et ne cessait de diriger contre l'ennemi des pièces en batterie du port dont plusieurs étaient de soixante livres de balles. Le combat se soutenait depuis six heures avec un acharnement incroyable ; les détonations multipliées de plus de mille bouches à feu, l'éruption des bombes qui éclataient avec un bruit effrayant, le terrible sifflement des fusées à la Congrève, faisaient du port d'Alger, en ce moment, un sujet d'horreur et d'épouvante. Toutefois la rage des Africains semblait s'accroître encore à la vue de cet effroyable spectacle, et rien n'annonçait qu'ils fussent près d'abandonner la victoire. A la fin deux officiers anglais demandèrent la permission d'aller attacher une chemise soufrée à la première frégate algérienne qui barrait l'entrée du port ; cette détermination fut suivie d'un succès complet. Un vent d'ouest assez frais mit le feu à toute l'escadre barbaresque : cinq frégates, quatre corvettes et trente chaloupes canonnières devinrent la proie des flammes. La flotte anglaise faillit elle-même en être atteinte. La marine des Algériens, leurs arsenaux, la moitié des batteries, tout fut détruit. Les bombes avaient fait un dégât considérable dans la ville. Le lendemain 28 août lord Exmouth entra en vainqueur dans le port d'Alger. Il écrivit au dey une dépêche ainsi conçue : « Pour prix de vos atrocités à Bone contre des chrétiens sans défense, et de votre mépris insultant pour les propositions que je vous ai adressées au nom du prince régent d'Angleterre, la flotte sous mes ordres vous a infligé un châtiment signalé... Je vous préviens que je recommencerai dans deux heures, si d'ici là vous n'acceptez les propositions que vous avez refusées hier. » Le dey ne se serait point encore rendu, mais les habitants épouvantés le forcèrent d'accéder aux propositions de lord Exmouth.

Aucune expédition, assurément, sans même en excepter celle qui fut faite sous Louis XIV, n'avait jusqu'alors causé autant de mal aux Algériens, ennemis acharnés de la foi de Jésus-Christ. Et le croirat-on ? elle ne mit point encore fin à leurs brigandages. Il était réservé à la France d'obtenir pour la chrétienté cette grande expiation.

C'était non-seulement la piraterie à détruire, mais la foi à venger.

« Nos courses, répondirent-ils un jour à

l'envoyé du Grand Seigneur qui leur ordonnait de respecter les nations chrétiennes ses alliées, n'ont d'autre but que de contenir les chrétiens, les Espagnols surtout, ennemis nés des Croyants; si nous respections tous ceux qui pourraient acheter de la Porte la paix ou la liberté du commerce, il ne nous resterait plus qu'à brûler nos navires, à renoncer aux glorieux devoirs de défenseurs *perpétuels* de l'islamisme, à prendre part aux paisibles opérations des caravanes et à devenir chameliers. »

Cette réponse insultante fut suivie immédiatement de plusieurs descentes que les corsaires algériens firent dans les propres domaines du Grand Seigneur.

CHAPITRE IX.

ESCLAVAGE.

La vente des esclaves était très-avantageuse à l'État, qui percevait dix pour cent sur le marché, ou le rachat des captifs. Lorsque le dey avait pris son huitième, les autres esclaves étaient envoyés au *Batistan*, nom donné au marché où ils étaient conduits; sous la direction d'un courtier, on procédait à leur mise à prix, selon la qualité et le savoir-faire de la victime.

A Alger la condition des esclaves était bien loin de ressembler à celle qui attendait ceux tombés aux mains des Berbères ou des Arabes; là on les accablait de mille coups, ici on avait soin d'eux, si ce n'est par humanité, au moins par intérêt. Il y en avait de deux sortes, ceux du dey et ceux des particuliers; les premiers portaient autour de la cheville un petit anneau de fer. Les seconds se subdivisaient en deux classes, ceux achetés pour le service du maître et ceux qu'on revendait. Pendant longtemps les esclaves furent à Alger les seuls domestiques employés par les maîtres opulents qui se faisaient gloire de les tenir bien vêtus.

On prétend que ces malheureux contractaient de mauvaises mœurs, et que c'est là le motif pour lequel ils ne parvenaient point à se racheter. Un fait certain, c'est que les esclaves étaient plus respectés à Alger que les chrétiens libres; les premiers ne recevaient jamais aucune insulte, au lieu que les derniers pouvaient à peine paraître dans les rues sans être injuriés et même battus par les Turcs.

Le rachat des captifs se faisait de trois manières différentes : 1° la rédemption publique, aux dépens de l'État dont les esclaves étaient sujets; 2° par la médiation des Pères de la Merci, qui parcouraient l'Europe pour cela; 3° par la volonté du maître d'un esclave.

Dès que les bons religieux avaient fait une collecte suffisante, ils en donnaient avis au Père administrateur de l'hôpital espagnol à Alger; ce Père obtenait du dey un passe-port pour les moines préposés au rachat en question. A leur arrivée on les recevait avec la vénération qui est due parmi ces Barbares à des hommes dont la bourse est bien garnie Ils étaient magnifiquement logés... Aussitôt on venait les accabler de sollicitations. C'était à qui des esclaves obtiendrait son rachat. Les religieux recevaient de nombreux placets, faisaient tout le bien possible, et s'en allaient, bien pauvres, recommencer la même vie pour délivrer ceux qui étaient restés.

Le nombre des rachetés passait quelquefois le chiffre de huit cents; leurs libérateurs ne leur permettaient point de couper la longue barbe qu'ils avaient laissée pousser, afin qu'elle figurât dans la procession solennelle qui se faisait en Espagne aussitôt leur arrivée.

L'hôpital espagnol des religieux de la Merci avait été fondé à Alger par le confessseur de don Juan d'Autriche, lorsque ce prince fut pris par les Algériens; les Pères de la Rédemption se sont constamment montrés dignes de la confiance du fondateur, par leur bonne administration et les augmentations qu'ils ont faites à leur établissement. Tous les vaisseaux chrétiens qui entraient dans le port d'Alger payaient trois piastres à cet hôpital. Le libre exercice de la religion était permis à Alger; la maison des missionnaires français servait d'église générale aux catholiques qui allaient y entendre le service divin; les consuls avaient leur chapelle particulière.

Esclavage dans la Régence.

Ainsi que j'ai l'ai dit, les Algériens, les habitants de Tunis et Tripoli n'éprouvaient pas moins de satisfaction à réduire en esclavage les passagers d'un bâtiment qu'à s'emparer du navire et des marchandises.

Un capitaine de vaisseau tombé dans cette position crut se sauver en embrassant le mahométisme. On reçut avec les cérémonies d'usage son abjuration, mais cet acte de faiblesse ne le sauva pas; car, au lieu de lui rendre la liberté, le roi, en le félicitant de mourir dans la vraie croyance et d'aller directement au paradis, le fit pendre immédiatement.

Ses malheureux compagnons furent livrés à toutes les horreurs de l'esclavage. On les embarqua d'abord sur une galère destinée à l'attaque d'un navire grec qu'on savait à deux cent quarante lieues en mer; là, nus jusqu'à la ceinture, enchaînés trois par trois sur leurs bancs, ils étaient exposés aux mauvais traitements d'un maître et d'un contre-maître qui, placés l'un à l'avant, l'autre à l'arrière, faisaient pleuvoir sur eux, sans motifs, une grêle de coups de fouet. Au retour, les captifs furent employés au travail des carrières : trois fois par semaine on les menait à la distance de trente milles chercher du bois de chauffage pour la ville ; ils partaient à sept heures du soir, et revenaient le lendemain à la même heure. En 1670 un vaisseau français fut pris par des corsaires des Maures. Les acheteurs examinaient surtout leurs mains, afin de connaître la qualité de l'esclave. Un chevalier de Malte et sa femme furent vendus quinze cents écus. L'acquéreur les conduisit chez lui, les présenta à sa femme qui les traita avec bonté, et leur offrit du pain, du beurre, des dattes et du miel.

Le maître les questionna sur leurs moyens de rançon, et comme ils répondirent qu'ils n'avaient aucun parent assez riche pour les délivrer, on changea de ton à leur égard, et ils furent maltraités. Enfermés dans des cachots souterrains fermés par une trappe en fer, ils y descendaient par une échelle de corde. Ils étaient employés à faire de la chaux, et au moindre arrêt une grêle de coups tombait sur leurs épaules. Ces malheureux furent rachetés en 1671 par les Pères de la *Merci*.

Notre saint Vincent de Paul fut aussi esclave à Alger; voici comment il raconte lui-même cette circonstance de sa vie. Après avoir parlé du combat, il dit : « Cela fait, ils nous enchaînèrent, et après nous avoir grossièrement pansés, ils poursuivirent leur pointe, faisant mille voleries. Ils prirent la route de Barbarie, tanière et spélonque de voleurs sans aveux du Grand-Turc, où étant arrivés, ils nous exposèrent en vente. Chacun de nous avait de la générosité des Turcs une paire de caleçons, un hoqueton de lin avec une bonnette. Ils nous promenèrent par la ville de Tunis, où ils étaient venus expressément pour nous vendre. Nous ayant fait faire cinq ou six tours par la ville, la chaîne au cou, ils nous ramenèrent au bateau, afin que les marchands vinssent voir qui pouvait bien manger et qui non, et pour montrer que nos plaies n'étaient point mortelles. Cela fait, ils nous ramenèrent à la place, où les marchands nous vinrent visiter tout de même que l'on fait à l'achat d'un cheval ou d'un bœuf, nous faisant ouvrir la bouche pour voir nos dents, palpant nos côtes, sondant nos plaies, et nous faisant cheminer le pas, trotter et courir, puis lever des fardeaux, et puis lutter pour voir la force d'un chacun, et mille autres sortes de brutalités. »

Pendant trois ans que dura sa captivité, sa douceur, sa piété ne se démentirent jamais, non plus que la constance de sa foi qui fut mise à une rude épreuve. Le médecin, son deuxième maître, l'affectionna tellement jusqu'à sa mort, qu'il lui apprit la médecine, et qu'il lui offrit non-seulement sa liberté, mais encore de l'adopter et de lui donner tout son bien, s'il voulait embrasser le mahométisme. La prière, le chant des psaumes, des hymnes, du *Salve regina*, furent l'arme qu'il employa pour résister, si jeune encore, sans aucun espoir de délivrance, aux séductions des plaisirs, des richesses, de la liberté, et surtout à celles de la reconnaissance, de l'affection qu'il avait pour ce bon maître, et de l'amitié que celui-ci lui témoignait tous les jours.

Sa charité, sa sensibilité furent émues à la vue de tant de chrétiens captifs comme lui, et qui préféraient leurs maux à l'abandon de leur foi; il les exhortait, il les encourageait, il leur rendait tous les services possibles; mais lorsqu'il ne pouvait pas les approcher, pour produire les mêmes effets, avec cette dévotion qu'il eut toujours pour Marie, il chantait d'une voix forte :

« Nous vous saluons, reine et mère de miséricorde; nous vous saluons, notre vie, notre joie et notre espérance; exilés en notre qualité de fils d'Eve, nous poussons vers vous nos cris et nos soupirs, dans cette vallée de pleurs, en gémissant et en versant des larmes. Soyez donc notre avocate, et tournez vers nous ces regards si miséricordieux ; et après cet exil, ô vierge Marie, clémente, pieuse et bonne, montrez-nous Jésus, le fruit béni de vos entrailles. »

Les autres esclaves chrétiens répondaient à ces prières, à ces chants. Cet apostolat de notre saint conforta les faibles, corrobora les forts ; aucun n'abandonna la foi de Jésus-Christ. On vit au contraire ces captifs plus patients, plus laborieux et plus résignés.

Les héritiers du médecin avaient vendu saint Vincent à son troisième maître qui avait une jeune femme ; celle-ci prit plaisir à l'entendre chanter ; elle l'y invita quelquefois, et alors surtout il choisissait le psaume 136, si poétique, composé plusieurs siècles auparavant par les enfants d'Israël aussi captifs à Babylone. Ce choix, si analogue à sa position, dénotait bien le bon Français, et en même temps le saint qui n'oublie jamais la religion et le ciel, sa future patrie ; il chantait donc à cette femme infidèle, avec ce ton de foi et cet accent de charité qui font des miracles :

« Etant sur les bords des fleuves de Babylone, nous nous y sommes assis, et nous y avons répandu des larmes en nous souvenant de Sion. Nous avons suspendu nos harpes aux saules qui bordent ces prairies, parce que ceux qui nous emmenèrent captifs nous ont demandé des cantiques de réjouissance, et que ceux qui nous arrachèrent de notre patrie nous ont dit : Chantez-nous quelques-uns des cantiques de Sion. Comment chanterions-nous les cantiques du Seigneur dans une terre étrangère? Si je viens à t'oublier, ô Jérusalem, que ma main droite soit sans mouvement, que ma langue s'attache à mon palais, si je ne me souviens toujours de toi, si je ne mets ma plus grande joie à m'entretenir de Jérusalem. »

L'infidèle, touchée du zèle, de la piété, de l'onction du saint, reprocha plusieurs fois à son mari d'avoir abandonné son Dieu; elle ne lui laissa pas un instant de repos qu'elle ne l'eût mis aux prises avec le fervent captif. Le renégat, que sa conscience agitait toujours, voulut bien entendre Vincent. Mais il ne résista pas longtemps à l'ascendant des vertus de notre saint, et cet esclave, vainqueur de ses maîtres, les amena captifs et convertis à la foi de Jésus-Christ.

Ils arrivèrent en France le 28 juin 1607; le baptême de la femme et des enfants, l'abjuration du mari, sa rentrée dans le sein de l'Eglise, eurent lieu à Avignon. Le vice-légat du pape présida à la double cérémonie, pendant laquelle Vincent, embrasé des flammes de la sacrée dilection, et ravi de ces conquêtes du ciel sur l'enfer, bénissait en silence la bonté et les miséricordes du Seigneur.

CHAPITRE X.

LES PRISONNIERS D'AB-EL-KADER.

La vérité est toujours plus intéressante, elle l'est cent fois plus que la fiction. Nous défions le romancier le plus habile d'imaginer quelque chose de plus saisissant, de plus dramatique, de plus fécond en impressions de terreur, de pitié, que le simple récit des douleurs éprouvées par M. de France, durant une captivité de cinq mois. Miraculeusement échappé à la mort, rendu à sa patrie, à ses amis, il a pris la plume pour nous confier ce qu'il avait souffert, ce qu'il avait observé. « J'ai recueilli des faits, dit-il, j'ai été témoin chez les Arabes d'événements remarquables ; j'ai parcouru des contrées inconnues à nos soldats ; j'ai vu de près Abd-el-Kader, je l'ai suivi dans plusieurs expéditions ; j'ai pu juger des forces et de l'influence du sultan. » Voilà le récit, voilà le livre ; mais avant d'en feuilleter les pages, il faut rappeler comment l'auteur a été amené à le composer. Combien peu d'écrivains seraient tentés de payer aussi cher que lui les matériaux d'un ouvrage, dût cet ouvrage leur assurer l'immortalité !

Depuis cinq mois, le brick *le Loiret*, commandé par M. Roland de Chabert, stationnait devant Arzew, port de mer entre Alger et Oran. Le 11 août 1836, on avait fait à bord l'exercice du tir à boulet. Une pièce de bois peinte en blanc, placée à cent pas environ de la plage, servait de but. Après l'exercice, l'ordre fut donné de tenir prêts pour le lendemain quarante hommes de l'équipage, qui, joints aux troupes de la garnison, devaient aller reconnaître une source située à deux lieues des avant-postes. M. de France fut désigné pour faire partie de l'expédition, et l'on concevra facilement la joie qu'il en ressentit, si l'on songe à la tristesse de l'existence qu'on mène sur une côte déserte, sans aucune espèce de distraction. A minuit, après avoir fini son quart, il se coucha tout joyeux de la promenade militaire qui lui était promise pour le lendemain. Hélas ! quelle promenade !

Le 12, à quatre heures du matin, M. Roland de Chabert, M. le docteur Clinchard, M. Bravais et M. de France, avec quarante hommes armés, descendirent à terre, et trouvèrent sur le quai le capitaine Reveroni, commandant la place d'Arzew, qui leur communiqua, de la part du général de Létang, l'ordre de suspendre l'expédition, jusqu'à ce qu'il leur eût envoyé de nouveaux renforts. Mais comment renoncer à une partie de plaisir dont on s'est flatté ? comment ne pas profiter des préparatifs qu'on a faits pour en jouir ? Le capitaine et les officiers du *Loiret* proposèrent d'aller ramasser les boulets que les canonniers avaient lancés la veille. Consulté par eux sur l'opportunité du projet, le commandant de place l'approuva, et pensa qu'il n'y avait nul danger à franchir les avant-postes, sans trop les dépasser pourtant.

« Nous prîmes donc congé de M. Reveroni, dit M. de France, et nous nous avançâmes dans la plaine. Arrivés à une centaine de brasses des avant-postes, nous nous arrêtâmes. Nous plaçâmes une partie de nos hommes sur un plateau pour qu'en cas de surprise par les Arabes, ils pussent nous donner le signal d'alerte. Cette précaution prise, je m'occupai, avec le reste des matelots, à chercher les boulets et à mesurer la portée de nos pièces d'artillerie. J'étais à deux portées de mousqueton du reste de la troupe avec le capitaine du navire, le docteur Clinchard et deux matelots, tout entier à calculer la distance que nos projectiles avaient parcourue, lorsque j'aperçus à quelques pas une perdrix. Je veux tout dire, au risque d'encourir un blâme pour la légèreté de mon caractère et la mobilité de mes sensations. Je m'empressai de la montrer à Clinchard et de courir après elle en la couchant en joue.

» J'avais à peine fait quelques pas, qu'une troupe d'Arabes, sortant tout à coup du fond d'un ravin, d'où ils épiaient une occasion favorable pour se jeter sur nos avant-postes et enlever le troupeau de bœufs de la place d'Arzew, fondit sur nous bride abattue et nous enveloppa de toutes parts. Trois cavaliers s'avancèrent vers moi en criant : *Sémi, sémi* (amis), et ceux qui les suivaient poussaient les mêmes cris. Confiant dans la bonne disposition de ces Arabes, je me tournais vers le docteur pour la lui faire comprendre, lorsque l'un d'eux fit un mouvement pour s'emparer du mousqueton que je tenais dans mes mains. Alors, comprenant les intentions hostiles que les cavaliers voulaient cacher sous des apparences amicales, je retirai mon mousqueton, je couchai en joue l'Arabe qui avait cherché à me désarmer, et lui envoyai une balle qui lui cassa l'épaule. Il laissa échapper son fusil encore chargé, qui roula à terre; il chancela, et fut obligé, pour ne pas tomber, d'embrasser l'encolure de son cheval. Je m'élançai pour ramasser le fusil; mais deux Arabes dirigèrent le leur sur ma tête, je me détournai pour éviter leurs coups : deux explosions se firent entendre, une balle me blessa légèrement à la tête, une autre traversa ma chemise et m'effleura la poitrine.

» Je n'avais pas perdu de vue le fusil du blessé, et je me baissais de nouveau pour le ramasser, lorsque, sentant quelque chose de rude glisser sur ma figure, j'y portai les mains et je saisis une corde qui entourait mon cou. En même temps une secousse violente me renversa à terre, et un Arabe, qui avait attaché l'extrémité de cette corde à l'arçon de sa selle, piqua des deux et m'entraîna au galop. J'avais beau crier et demander grâce; l'Arabe, de presser toujours l'allure de son cheval et de me traîner toujours, à demi étranglé, à travers les rocs et les broussailles. Cet état horrible dura plusieurs minutes. Enfin le cheval, obligé de gravir un tertre assez escarpé, ralentit sa course, et je parvins, non sans peine, à me relever. Alors, tout étourdi par une aussi rude secousse, les mains et la figure meurtries et sanglantes, les jambes déchirées, je ne sus pas comment trouver encore assez de vigueur pour saisir la corde et la soutenir afin que la force d'attraction ne portât pas entièrement sur mon cou, pour courir, attraper le cheval, et me suspendre à sa queue. »

Ce n'était encore là que le prélude des tortures auxquelles le captif devait se résigner. Bientôt les Arabes, accourus en foule, se mirent à l'accabler d'injures et de coups, à déchirer ses vêtements. Chaque coup de canon que l'on tirait du brick lui valait une horrible secousse, une nouvelle chute et un redoublement de coups de crosse. Lorsque les Arabes jugèrent qu'ils n'avaient plus à redouter la poursuite des hommes du bord, ils s'arrêtèrent pour lui trancher la tête. On débarrassa son cou de la corde, on lui lia les mains derrière le dos et on l'attacha à un palmier nain. La mort n'est en général que le second des supplices réservés à l'Européen qui tombe au pouvoir des Arabes. Avant d'immoler leur victime, ces barbares lui font subir mille mauvais traitements. Dans son infortune, M. de France eut le bonheur d'éviter le trépas. Il entendit les Arabes se disputer violemment l'honneur d'abattre sa tête. « C'est moi ! c'est moi, qui l'ai pris ! » s'écrièrent-ils tous à la fois, et chacun montrait en témoignage quelque lambeau de sa chemise, de sa redingote. Un espion d'Ab-el-Kader arriva sur ces entrefaites et interposa son autorité. « Ne le tuez pas, dit-il, c'est un officier. Abd-el-Kader paiera beaucoup plus cher son corps que sa tête, et remplacera, si nous le lui amenons vivant, les trois chevaux que nous avons perdus. » Cet avis prévalut non sans peine, et la troupe se remit en marche pour le Vieil-Arzew.

Chaque pas de cette marche fut pour M. de France un surcroît de misère et de désespoir. Exténué de fatigue, il se laissait tomber souvent, et on le relevait à grands coups de bâton comme une bête de somme. Sur la route, les Arabes quittaient leurs travaux, avertis par les cavaliers, qui leur criaient ; « Venez voir le chien de chrétien ! » Ils s'approchaient et lui crachaient au visage. S'il voulait boire de l'eau d'un puits, on l'en écartait comme indigne; s'il traversait une rivière, on l'empêchait de s'y désaltérer. On voulut d'abord le forcer à porter la tête d'un de ses malheureux camarades, il s'y refusa; mais plus tard, quand on eut été obligé à lui donner un cheval, on attacha cette tête à l'arçon de la selle. Une odeur fétide s'en exhalait : « Les barbares, dit-il, s'aperçurent bien vite de la répugnance que j'éprouvais pour cette horrible dépouille, et des nausées affreuses que me donnaient ses exhalaisons; aussitôt ils se mirent à percer de part en part ces lambeaux de chair humaine, et à fouiller le crâne avec leurs yatagans pour hâter une complète putréfaction en exposant la cervelle à l'action du soleil et de l'air..... Si mon cheval ralentissait son allure, ils me frappaient ; si je talonnais mon cheval pour presser sa marche, ils me rouaient de coups en criant : « Un chien de chrétien comme toi ne doit pas battre le cheval d'un Arabe. » Enfin, le camp d'Ab-el-Kader, situé aux environs de la ville du Kaala, dans un bois de figuiers, sur le chemin même de Mostaganem à Mascara, se découvrit aux regards de la troupe, qui le salua de clameurs joyeuses, et le captif n'apprit pas sans émotion qu'il allait se trouver en présence de l'arbitre souverain de son sort.

Aux premières tentes du camp, M. de France mit pied à terre : les chaous protégèrent son entrée contre une multitude brutale, et le conduisirent jusqu'à la tente du maître. Abd-el-Kader, le voyant pâle et tremblant, s'empressa de le rassurer par un sourire, lui fit signe de s'asseoir et lui dit : « Tant que tu resteras près de moi, tu n'auras à craindre ni mauvais traitements, ni injures. » Enhardi par cet accueil, M. de France lui demanda la permission d'étancher sa soif, ce qu'il n'avait pu faire depuis la veille, grâce aux cavaliers de son escorte. Abd-el-Kader le fit conduire immédiatement à la tente servant de magasin aux vivres, où on lui donna un melon, des raisins, du pain blanc et de l'eau. Quel bienfait après tant de cruautés ! quelles délices après tant de souffrances ! Le repas terminé, M. de France fut conduit dans la tente d'Abd-el-Kader, dont il trace une minutieuse et curieuse description : toutefois nous la laisserons pour le portrait de celui qui l'habite, portrait que M. de France esquisse dans les termes suivants :

« Abd-el-Kader est âgé de vingt-huit ans. Il est petit, il n'a pas cinq pieds ; sa figure longue est d'une excessive pâleur ; ses grands yeux noirs sont doux et caressants, sa bouche petite et gracieuse, son nez aquilin ; sa barbe est claire, mais très-noire ; il porte une petite moustache qui donne à ses traits, naturellement fins et bienveillants, un air martial qui lui sied à ravir. L'ensemble de sa physionomie est doux et agréable. M. Bravais m'a raconté qu'un Arabe, dont j'ai oublié le nom, se trouvant un jour à bord du *Loiret*, dans la chambre du capitaine, s'écria en voyant un portrait de femme, Isabeau de Bavière, dont le dessinateur avait fait la personnification de l'Europe : Voilà Abd-el-Kader!

» Abd-el-Kader a de petites mains charmantes et de fort jolis pieds, dont il pousse l'entretien jusqu'à la coquetterie : il est toujours à les laver. Tout en causant, accroupi sur ses carreaux, il tient les doigts de ses pieds entre les doigts de ses mains ; ou, lorsque cette posture le fatigue, il se met à rogner, à déchausser ses ongles avec un canif-ciseau dont le manche en nacre est finement travaillé, et qu'il a constamment dans les mains.

» Il affecte une extrême simplicité dans ses vêtements, jamais d'or, jamais de broderies sur ses bernous. Il porte une chemise de toile très-fine, dont les coutures sont couvertes de lisières en soie, à l'extrémité desquelles pend un petit gland de soie. Après sa chemise vient un haïck. Il jette sur le haïck deux bernous en laine blanche, et sur les deux bernous blancs un bernou de couleur noire. Quelques glands en soie sont les seuls ornements qui relèvent la simplicité de son costume. Il ne porte jamais d'armes à sa ceinture. Ses pieds sont nus dans des babouches. Il a la tête rasée, et sa coiffure se compose de trois ou quatre calottes grecques l'une dans l'autre, sur lesquelles il rabat le capuchon de son bernou.

» Le père d'Abd-el-Kader, qui est mort depuis deux ans, était un *marabout* nommé Mahidin, auquel sa fortune, son intelligence et sa réputation de sainteté avaient procuré une haute renommée parmi les Arabes et une grande influence morale sur les tribus. Il avait fait deux fois le voyage de la Mecque; deux fois il s'était prosterné devant le tombeau du prophète. Son fils l'accompagna dans son second voyage : il avait huit ans. Son jeune âge ne l'empêcha pas de voir, d'observer, de retenir. Il savait déjà lire et écrire l'arabe; il apprit l'italien. De retour de leur pieuse expédition, Mahidin guida la jeune intelligence de son fils dans l'étude difficile du Coran, en même temps qu'il lui enseignait la pratique des affaires. Arriva la prise d'Alger. Aussitôt que nous eûmes conclu la paix avec les Arabes, Abd-el-Kader travailla à soulever les tribus, à nourrir et à envenimer leurs ressentiments, à exalter leur fanatisme religieux, et surtout à devenir leur chef. L'intelligence, l'activité, la bravoure, l'adresse, l'astuce du jeune marabout lui marquèrent bientôt une place à part parmi les tribus. Les Arabes reconnurent la supériorité que ses moyens naturels lui assuraient sur eux ; ils s'habituèrent peu à peu à le considérer comme leur chef. Aujourd'hui c'est leur *sultan*. C'est le seul homme capable de maintenir les Arabes contre nos attaques. Si les tribus venaient à le perdre, découragées déjà comme elles le sont et fatiguées de la guerre, elles se rangeraient bientôt sous notre domination.

» Lorsque je fus introduit pour la seconde fois dans la tente du sultan, il était assis sur des coussins ; ses écrivains et quelques marabouts, accroupis en cercle, étaient à ses côtés. Sa figure, riante et gracieuse, contrastait d'une façon charmante avec leurs faces sauvages et impassibles. Le premier écrivain attira tout d'abord mon attention. Il porte une physionomie de tartufe : c'est un coquin. Il a toujours engagé Abd-el-Kader à demander beaucoup d'argent pour ma rançon. » Le sultan sait un peu parler français ; mais par orgueil, et pour ménager le fanatisme des Arabes, il n'aurait garde de parler *chrétien* avec un chrétien. M. de France entendait et parlait l'arabe ; son interrogatoire se fit donc en cette langue, sans qu'il fût besoin d'interprète. Abd-el-Kader lui demanda où il avait été pris. — A Arzew. — Ton nom? — France. « Ah! oui, Français? — Oui, je suis Français ; mais ce n'est pas ce que je veux dire. Je m'appelle France. — Oui, Français. — Non, France; comme, par exemple, si tu t'appelais Mascara, Alger, Oran, Mohammed-Ali Abd-el-Kader. — France? — Oui. — Ton grade? — Lieutenant de frégate. — Capitaine? — Non, lieutenant de frégate. — Ils m'ont dit que tu étais capitaine. Explique-moi ce que tu étais dans ton navire. — A bord du navire il y a un capitaine ; après, un lieutenant en second, puis les lieutenants de frégate, dont je fais partie ; ensuite viennent les maîtres, les quartier-maîtres, les matelots, les novices et les mousses. — Je comprends, tu es le troisième sur le navire? — Oui. — Ne crains rien ; tant que tu seras près de moi, tu ne seras exposé à aucun mauvais traitement. »

Abd-el-Kader entretint longtemps le prisonnier des généraux qui avaient commandé en Afrique, et il s'informait avec beaucoup de curiosité de ce qu'ils étaient devenus. Au nom du général Trézel, il entra dans une violente colère et s'écria : « Voilà l'auteur de tous nos maux ! voilà celui qui, en rompant la paix, a causé tant de désastres ! » M. de France comprit qu'il voulait faire allusion au combat de la Tafna, dans laquelle nos braves cherchèrent une vengeance du terrible échec de la Macta, qui nous avait coûté cinq cents hommes. « Combien, dit-il au sultan, as-tu perdu de cavaliers à la Tafna? — Combien? répondit-il avec rage, combien? qu'est-ce que cela te fait? L'Arabe n'a pas été tué comme le Français à la Macta. Vous n'avez pas réparé la grande victoire que j'ai remportée sur vous. A la Tafna, cinq cents des nôtres ne sont pas revenus. » En langage d'Arabes, qui ne se piquent pas d'une scrupuleuse véracité, le chiffre de cinq cents peut être porté au double. Du reste, M. de France ne s'avisa pas de contredire son interlocuteur. Il y eut un moment de silence, après lequel Abd-el-Kader sourit et dit : « As-tu encore besoin de quelque chose aujourd'hui ? — Je suis tout nu, fais-moi habiller. » Le sultan donna aussitôt des ordres; on ramena le prisonnier dans le magasin aux vivres, et on lui fournit une calotte, un haïck très-léger, une chemise et des babouches. On lui rendit son pantalon tout en lambeaux, car il ne s'en trouva pas d'autre dans la garderobe du glorieux sultan.

Pendant le voyage, les cavaliers avaient dit à M. de France qu'il trouverait dans le camp d'Abd-el-Kader d'autres prisonniers de son pays. En s'habillant, il demanda à un Arabe où étaient ces prisonniers : à peine avait-il achevé sa question, qu'il vit apparaître comme un fantôme un homme au visage pâle et décharné, à la barbe longue et inculte, la poitrine nue, les jambes grêles et sales, enveloppé dans un mauvais haïck. Cet homme s'approcha de lui, le nomma par son nom; mais M. de France ne put le reconnaître, tant le malheur avait changé ses traits! Abd-el-Kader lui avait répété que tant qu'il resterait près de lui il n'aurait rien à craindre, et l'espoir commençait à renaître dans son cœur; l'aspect, et, bien plus encore, les confidences de l'infortuné Meurice dissipèrent ses illusions. « Abd-el-Kader est bon, lui dit » celui-ci, mais ses compagnons ne lui res-» semblent guère. »

Nos lecteurs sauront bientôt à quoi s'en tenir sur la manière dont les Arabes entendent l'obéissance et cultivent la civilisation.

Dans l'état de barbarie profonde où les Arabes sont plongés, la supériorité morale d'un chef ne saurait être même un accident heureux ; c'est à peine si l'influence de son caractère personnel agit à la longueur de son bras. Quand il est présent, on observe tant bien que mal ses ordres, on se conforme tant bien que mal à ses volontés; dès qu'il s'éloigne, sa puissance s'évanouit, son ascendant cesse; les instincts brutaux, les appétits féroces reprennent leur empire, et ceux-là n'ont qu'à parler pour être obéis sur-le-champ.

Les récits du malheureux Meurice apprirent bientôt à M. de France jusqu'à quel point on pouvait se fier aux belles promesses d'Abd-el-Kader. Meurice avait quitté son pays après la révolution de juillet. Ruiné par de fausses spéculations, il était venu s'établir à Alger avec sa jeune femme; il s'occupait d'arpentage, et réglait les contestations soulevées à propos de terrains. Le 25 avril 1836, il était allé visiter une propriété du côté de la Mitidja, et revenait avec M. Muller, ingénieur civil, M. D.... et sa sœur. Il était à cheval; M. Muller montait une mule; M. D..., et sa sœur étaient en voiture.

« Tout à coup, dit-il, une troupe d'Arabes nous enveloppe. Nous étions sans armes; M. D.... seul portait un fusil. Il avait le premier aperçu les Arabes. Saisi de frayeur, oubliant ses amis, oubliant sa sœur, il ouvre la portière, s'élance à terre, et sans même décharger son fusil, il fuit à toutes jambes et se jette dans un marais où les cavaliers ne pouvaient l'atteindre. Dans la précipitation et la confusion de l'attaque, M. Muller reçut dans la cuisse une balle qui le blessa grièvement. Je fus fait prisonnier sans coup férir. Les Arabes s'emparèrent aussi de mademoiselle D.... et la frappèrent violemment. Puis, mon cher de France, les scélérats massacrèrent sous nos yeux cette pauvre fille! Et nous ne pouvions pas la défendre! Elle mourut, le corps déchiré par les yatagans, résignée, faisant de sa virginité un linceul dans lequel elle enveloppait sa chaste nudité, pour monter au ciel et paraître devant Dieu. Sans proférer un cri, une plainte, sans demander grâce, elle mourut en nous jetant un regard plein d'une douce pitié. Elle semblait nous dire : « Adieu ! je suis plus heureuse que vous ; mes tourments sont finis ; je vais dans un séjour de joie et de félicité éternelle. » N'y a-t-il pas, dans ce trépas sublime, quelque chose qui rappelle celui de la Virginie de Bernardin, avec cette différence que Virginie n'avait à se plaindre que de l'insensibilité des flots, tandis que mademoiselle D... mourait par la cruauté des hommes ? Et pendant que cette vertueuse fille exhalait ses derniers soupirs, son frère, son lâche frère, le bras chargé d'une arme inutile, attendait au fond d'un marais que les bourreaux eussent achevé leur victime ! Quand il fut bien certain de leur départ, il regagna tranquillement la ville, en se félicitant sans doute d'avoir eu l'œil bon et le pied léger !

Des deux prisonniers qui restaient au pouvoir des Arabes, M. Muller, trop blessé pour supporter les fatigues d'un long trajet, fut laissé chez les Hadjoutes, en attendant qu'on pût l'échanger, ce qui eut lieu peu de temps après. M. Meurice fut emmené pour être vendu à Abd-el-Kader. Toutes les tortures imaginables, M. Meurice les éprouva; pas un de ces odieux supplices auxquels se complaisent les Arabes, fils de Bélial, comme dit l'Ecriture, ne lui fut épargné. Dans une tribu de la plaine, on l'attacha à un arbre, entièrement nu, les mains derrière le dos, et là, pendant vingt-quatre heures, les femmes, les enfants, après l'avoir barbouillé d'ordures, s'amusèrent à lui lancer des cailloux, à lui mordre et à lui pincer les cuisses! Enfin il arriva au camp du sultan, aux environs de la Tafna; la défaite de la Sikrah venait de répandre la tristesse dans l'âme du chef, le découragement et le désordre dans son armée. Les tribus murmuraient; les fuyards renversaient, pillaient, détruisaient tout sur leur passage; ils coupèrent la moitié de la tente d'Abd-el-Kader. Celui-ci, voulant sauver d'une mort infaillible les prisonniers qui étaient dans son camp, chargea les trente Nègres spécialement attachés à la garde de sa tente de conduire et d'escorter jusqu'à Droma M. Meurice, M. Lanternier, colon d'Alger, sa femme, âgée d'une quarantaine d'années, sa fille, jeune et jolie personne de quinze ans, une Allemande de quarante, et une autre Allemande de vingt, plus grande et aussi belle que mademoiselle Lanternier.

Abd-el-Kader avait recommandé aux Nègres avec beaucoup d'instance de bien traiter les prisonniers placés sous leur tutelle, de les protéger contre les insultes et les agressions des tribus dont ils avaient à traverser le territoire. « Nous nous mîmes en route, dit encore le pauvre Meurice, pleins de confiance en la parole des Nègres, et pénétrés de reconnaissance pour la générosité d'Abd-el-Kader; mais à peine sommes-nous éloignés du camp de cinq cents pas environ, que les Nègres s'arrêtent brusquement. Ils saisissent M. Lanternier et moi, nous lient les mains derrière le dos, nous attachent à un arbre; deux Nègres se placent à nos côtés, et appuient le canon de leurs pistolets sur notre poitrine, après nous avoir roués de coups. On me fit prendre les devants avec M. Lanternier, et nous continuâmes notre chemin. Voilà comment les Arabes obéissent aux ordres du puissant sultan Abd-el-Kader. »

Arrivés à Droma, MM. Meurice et Lanternier furent jetés dans une prison infecte, les femmes dans une autre, qui sans doute ne valait pas mieux. Bientôt le caprice du sort dispersa ces pauvres captifs. Hélas! nous les retrouvons çà et là dans les pages tracées par M. de France, et à chaque rencontre nous les voyons chargés de nouvelles douleurs, jusqu'à ce qu'ils succombent sous leur terrible poids. A Mascara, où M. Meurice ne parvint que déjà frappé mortellement, M. de France obtint du kaï la permission de visiter M. Lanternier, conduit au même endroit et renfermé dans une espèce de cage étroite et froide. « Ma prison, lui dit ce dernier, est horrible. La nuit, lorsque cette porte extérieure est fermée, je risque d'être étouffé par les exhalaisons qui s'échappent de la chambre des autres prisonniers, dont je ne suis séparé que par cette grille de fer. La prison n'est balayée que tous les huit jours; les ordures s'amoncèlent et infectent l'air de miasmes pestilentiels. J'ai bien froid la nuit et le jour. On me donne pour toute nourriture, le matin, une galette de pain d'orge, et, le soir, une poignée d'orge bouillie. Je serais déjà mort de faim sans les secours de ce bon Mardulin (un déserteur français), que j'avais connu à Droma. Chaque jour, cet excellent homme m'apporte un pain blanc et remplit ma tabatière de tabac. Cette dernière attention est celle qui me réjouit le plus; car, pour avoir un peu de tabac, je donnerais ma galette de pain d'orge. »

Telle était la dure condition de cet homme, qui avait tant souffert personnellement, tant souffert comme époux, comme père. Et voulez-vous savoir ce que devenaient sa femme et sa fille? Abd-el-Kader possédait deux lionceaux et deux jeunes panthères que les Arabes lui avaient amenés à Teknifil; il imagina d'en faire hommage à Mouley-Abd-el-Rachman, empereur de Maroc, en y joignant une jeune lionne qui se promenait en liberté dans les rues de Mascara, trois autruches et quatre femmes, madame et mademoiselle Lanternier, et les deux Allemandes, leurs compagnes d'infortune. Un jour, M. de France vit apporter trois de ces cadres qui servent à soutenir des haïcks sur les paniers des mules, pour dérober aux regards les femmes maures lorsqu'elles voyagent, et il apprit qu'on les destinait à cacher les quatre captives. Un tapis magnifique, brodé en or et en soie, quelques autres de moindre valeur, deux riches bernous, quatre chevaux, quatre mules, deux caisses d'argent, furent encore ajoutés au cadeau. On plaça les caisses, le ballot et les cages renfermant les bêtes fauves sur des mules; on dressa les cadres. « J'éprouvai un serrement de cœur, dit M. de France, lorsque le convoi se mit en marche, et que je vis s'éloigner les mules qui portaient les cadres sous lesquels les quatre femmes devaient être cachées, et qui devaient faire le pendant des cages dans lesquelles rugissaient les bêtes féroces. »

Rien de plus lamentable que cette histoire de prisonniers et de prisonnières, qui, pour la plupart, ne devaient pas revoir leur pays. Meurice expira bientôt à côté de M. de France, qui lui-même alors courait un grand danger. Lanternier se traîna quelque temps encore; mais le chagrin de n'être pas compris dans le traité d'échange qui délivrait le jeune marin abrégea sa pénible existence. Ce n'étaient pas les seuls compagnons, les seuls amis dont M. de France regrettât la perte : plusieurs autres encore étaient morts sous ses yeux; plusieurs restaient après lui sur la terre inhospitalière. Cependant, pour être juste, il faut dire que tous les prisonniers ne sont pas également malheureux chez les Arabes, témoin ce pêcheur de corail qui eut beaucoup à se louer de l'humanité des femmes de Tenez. Un petit mousse, pris avec le pêcheur, fut encore mieux traité par elles. Il paraît qu'autant les Arabes sont méchants pour les hommes, autant les femmes sont bonnes pour les enfants. Abd-el-Kader envoya le petit mousse à son auguste épouse. Cette femme est fort jolie, d'une taille svelte, élancée, qui se dessine avec grâce sous les plis de son haïck, retenu par un simple cordon de laine. Abd-el-Kader ne partage pas les goûts de ses compatriotes pour les femmes grasses et puissantes. Dans ses expéditions guerrières il pense toujours à sa moitié, et lui expédie des paniers de fruits, du beurre, du miel, en un mot les provisions les plus rares et les plus succulentes. Il n'est père que d'une fille et attend encore un héritier.

Quoiqu'il fût à peu de chose près le commensal du glorieux sultan, M. de France ne jouissait pas des agréments d'une cuisine fort délicate. Le fond de la cuisine arabe, c'est le *couscoussou*, ou, en d'autres termes, de petites boulettes de farine dont on entoure les poules bouillies ou toute autre viande, et voici la manière de les préparer. Un Arabe tient un crible dans lequel on a mis de la farine de blé, et l'agite doucement, tandis qu'un autre Arabe jette de l'eau sur la farine. Bientôt il se forme des boulettes que les femmes se chargent d'arrondir lorsqu'elles ont atteint une grosseur raisonnable. Cette opération terminée, on jette ces boulettes dans un pot de terre, dont le bas est percé de petits trous. On met ce pot sur une marmite de terre remplie d'eau, que l'on fait bouillir, et l'on attend pour retirer les boulettes que la vapeur les ait fait cuire. Alors on les place sous la volaille, et on les arrose avec du bouillon de viande ou avec du lait extrêmement pimenté. Quand la volaille est fine et le couscoussou cuit à point, ce mets n'est pas à dédaigner ; mais les trois quarts du temps il est détestable. Dans les jours heureux, M. de France se dédommageait de l'ignorance des cuisiniers avec des melons, des pastèques, des pêches, des figues, des raisins, dont le sultan voulait que ses prisonniers eussent leur part. Une fois que, dans un accès de libéralité, Abd-el-Kader lui avait donné six piécettes (quarante-huit sous), il osa demander du café, au grand scandale de Ben-Faka, l'intendant des vivres, qui pourtant ordonna à son cafetier de servir ce que demandait le chien de chrétien!

Malgré la protection hautement déclarée du sultan, les prisonniers devaient s'attendre à une quantité de plaisanteries du genre le moins réjouissant. Un matin, par exemple, on les réveille de bonne heure en leur criant : « Chiens de chrétiens, fils de chiens, levez-vous, on va démolir la tente, car le sultan a ordonné de lever le camp. » Au même instant, les piquets, la toile tombent sur eux et les enveloppent, de sorte qu'ils ressemblent à des poissons pris dans un filet. Un autre inconvénient du pays, c'est la vermine ; les Arabes en sont infectés ; le sultan lui-même, au milieu des plus graves entretiens, s'amuse à saisir les insectes qui se promènent sur son haïck, à les rouler entre ses doigts et à les jeter sur ses tapis. M. de France passait une partie du jour, accroupi au soleil, à faire la chasse à ces hôtes incommodes qui se reproduisaient par milliers, et les Arabes, le surprenant dans cette occupation, lui prodiguaient l'insulte et la raillerie.

A Teknifil, pendant une absence d'Abdel-Kader, l'idée vint à M. de France de fabriquer un jeu d'échecs et un jeu de cartes. « Dans un des coins de notre tente, dit-il, on déposait huit caisses contenant la réserve des munitions de guerre du sultan. Dès que Ben-Faka était sorti de la tente, mon grand bonheur était de les arroser avec de l'eau. Si l'on m'avait surpris, j'étais fouetté ou tué; mais j'aimais mieux courir ce risque et me procurer la satisfaction de détériorer les poudres de nos ennemis. Je volai une des planches de ces caisses, et je traçai dessus des cases. Je ramassai des branches de laurier rose, et avec un couteau je parvins à tailler et à tourner des pièces d'échiquier. Je volai aussi quelques feuilles de papier (Ben-Faka me fit donner des coups de bâton en punition de tous ces larcins), et je dessinai un jeu de cartes de piquet. Les valets étaient des jockeys, la pipe à la bouche, et dont les vestes étaient rouges, vertes, jaunes, blanches. Les dames étaient des femmes habillées à la française. L'une était coiffée d'un chapeau, l'autre d'un foulard, l'autre nu-tête à la chinoise, l'autre en papillotes à la mode anglaise. Les rois, à double tête, portaient une vaste couronne. Ces échecs et ces cartes nous procurèrent une agréable distraction…. Les marabouts, tout en manifestant un grand mépris pour les figures humaines que j'avais dessinées, n'en témoignaient pas moins leur admiration lorsqu'ils voyaient mes valets et mes dames. Ceux qui avaient été à Oran et à Alger étaient frappés de la vérité et de l'exactitude avec lesquelles j'avais reproduit le costume des Européennes. »

Un trait digne de remarque, c'est la confiance que les chrétiens inspirent aux Arabes. Ben-Faka et Ben-About, chargés de veiller sur la tente d'Abd-el-Kader, y envoyaient M. de France et son ami Meurice, en les priant d'écarter les soldats qui pourraient avoir envie de piller les bagages et les caisses du sultan. « Tandis que nous cheminions, ajoute notre écrivain, sur les mules qui portaient les coffres du sultan, de quart d'heure en quart d'heure nous entendions la voix de Ben-Faka : « France ! Meurice ! Toujours sur la mule ! — Oui. — Ne descendez pas. — Non. — Surtout ne changez pas de monture avec les cavaliers. — Sois tranquille. » Ainsi les chrétiens, accablés d'injures et de coups, ces chiens maltraités et couverts d'ordures, présentaient plus de garanties, de fidélité, de moralité, que les fiers cavaliers arabes, au dépositaire des trésors du sultan !

On ne manqua pas de proposer souvent à M. de France de rester en Afrique et de se faire musulman : l'invitation lui en fut adressée formellement de la part d'Abd-el-Kader. Celui qui portait la parole dit au prisonnier : « **Tu auras des femmes, des chevaux, des armes, de la poudre; tu seras aussi riche, aussi grand, aussi puissant que le sultan.** » M. de France répondit qu'il se ferait musulman si le sultan lui donnait une barque à commander. L'autre comprit à demi-mot de quel côté voguerait la barque, et la négociation n'alla pas plus loin.

Enfin, après cinq mois d'une captivité dont les vicissitudes auraient suffi à plusieurs années, M. de France entrevit le jour et l'heure de sa délivrance. Plus le moment heureux approchait, plus les souffrances redoublaient d'intensité; la dernière marche du prisonnier, retournant vers les siens, ne fut ni la moins pénible, ni la moins dangereuse. Entre autres compagnons, il ramenait avec lui ce petit mousse si bien accueilli par les femmes arabes. Le pauvre enfant, nommé Benedicto, était déjà plus Arabe que chrétien; il avait tout à fait oublié son pays, sa religion, sa langue. Quand on lui demandait où était sa mère, il montrait le camp des femmes; les soldats s'amusaient à lui faire réciter la prière musulmane. Seul de tous ceux qui revenaient avec M. de France, Benedicto se portait bien; les autres entrèrent dès le lendemain à l'hôpital d'Alger.

Terminons ici cette longue et insuffisante analyse d'un livre mille fois intéressant : ce que nous en avons extrait n'est pas la centième partie de ce qu'il renferme de curieux, d'instructif, de pittoresque et de dramatique. En le parcourant on se forme des idées plus précises sur l'Afrique et sur les Arabes, qu'en écoutant des discussions fort savantes, fort consciencieuses sans doute, mais qui se combattent et se détruisent réciproquement. Si un jour la civilisation refleurit dans une contrée où elle fut jadis si brillante et si forte, les malheurs d'un jeune officier français n'auront pas été complétement perdus pour cette œuvre glorieuse.

CHAPITRE XI.

ALGER. — DESCRIPTION DE CETTE VILLE.

Alger, la plus importante de toutes les villes bâties sur les côtes d'Afrique, est placée sur le penchant d'une colline, ce qui lui donne la forme d'un amphithéâtre. Au point le plus élevé se trouve la citadelle de Kasba, résidence du dey. Comme la plupart des maisons d'Italie, celles d'Alger sont terminées par une terrasse blanchie à la chaux ; ce qui, de loin, donne à la ville un aspect assez singugulier.

En abordant Alger du côté de la mer, on arrive devant les forts élevés sur un rocher, dont la réunion forme un fer à cheval, et qui étaient armés de deux cent trente-sept pièces de canons, formant jusqu'à cinq rangs placés les uns au-dessus des autres. Le premier rang de ces pièces était placé dans des casemates voûtées à l'épreuve de la bombe, et dont les murs en pierre de taille ont jusqu'à trois mètres d'épaisseur. Au milieu de ces forts s'élève un phare qu'on allume pendant la nuit pour guider les vaisseaux qui approchent. Le port n'est pas grand ; un vaisseau ne peut y entrer à cause du manque de profondeur.

Du côté de la mer, on entre dans Alger par la porte de la Marine. Cette porte ressemble assez à celles de nos places de guerre ; à sa sortie on se trouve dans la plus belle rue d'Alger, qui traverse toute la ville : on l'appelle Bal-el-Ouad ou Bab-Azoun ; elle est si étroite que c'est à peine si un mulet chargé peut y passer.

Pas une seule rue d'Alger n'est droite ; comme à Paris, elles sont tortueuses et extrêmement irrégulières. Les fontaines y sont très-nombreuses et fort bien construites ; ce qui est un grand avantage durant l'été. Il en est de même des maisons, qui s'unissent par de grandes traverses de bois.

Les maisons n'ont point de fenêtres, ce sont de longues ouvertures étroites. Les chambres de chaque maison sont à peu près toutes les mêmes. Leur ameublement se compose d'un ou de deux coffres au plus, en bois, assez bien travaillés et ornés de peintures. Il n'y a point de lit. Au reste, ces ameublements varient selon la richesse des propriétaires. Chaque étage a une cuisine dont les fourneaux sont semblables aux nôtres. Les habitations les plus riches ont ordinairement de petites colonnes en marbre qui forment le portique, et des cours pavées en marbre.

Dans toutes les maisons, on trouve des citernes alimentées par les eaux pluviales.

Les ustensiles de ménage sont en terre ou en bronze étamé. On s'éclaire avec des lampes en bronze à plusieurs becs, et qui ont souvent un mètre d'élévation ; les gens ordinaires se servent de lampes en terre d'une forme très-originale. Avant l'arrivée des Français la chandelle était inconnue à Alger.

Pour tirer l'eau des citernes, même dans les meilleures maisons, on se sert d'une peau de bouc qui a encore tous ses poils.

La Kasba.

C'est le palais du dey. Il est situé, comme nous l'avons dit, à l'extrémité de la ville, et a toutes les ressources d'une forteresse. Au milieu est un jet d'eau, autour duquel sont plantés des citronniers. Vers le milieu du bâtiment se trouve l'entrée d'une grande galerie qui conduit aux appartements du dey et aux bastions. C'était d'abord la salle d'audience : le dey avait coutume d'y rendre la justice. Des banquettes disposées pour recevoir les plaideurs sont appuyées le long des murs. Au lieu d'occuper le centre, le siége du dey est dans un coin. Ce ne sont point des tapisseries qui garnissent les murs, mais des carreaux en faïence avec de fort jolis dessins; on trouve quelques glaces dans les appartements du prince. Les officiers habitent les galeries du rez-de-chaussée, non loin de ses magasins de commerce. Ses appartements particuliers, c'est-à-dire sa chambre à coucher, ne présentaient rien de bien remarquable. Les meubles consistaient dans quelques coffres dorés avec incrustation de dessins en nacre de perles et d'écaille de tortue. Le lit, en fer, était surmonté de quatre colonnes soutenant un léger ciel, d'où tombaient des rideaux de gaze. Il y avait aussi quelques porcelaines anglaises et de beaux vases sur des socles dorés.

C'est à côté de ces mêmes appartements qu'étaient déposés les armes et les costumes du dey, ainsi que les instruments nécessaires à la fabrication de la monnaie. Après le second étage venaient les terrasses; c'est là qu'il vint se placer pour voir arriver la flotte française qui allait faire cesser son règne.

Non loin du palais se trouve la mosquée : c'est une grande salle carrée dont l'escalier est en marbre blanc et les murs revêtus de carreaux en faïence. Le lieu de prières n'a point de nombreux ornements; il offre assez de rapports avec les temples protestants que nous voyons en Europe. Les jours de fête on y fait de la musique. Le marbre est recouvert d'un riche tapis, et des lampes en cristal y jettent le plus vif éclat. Cette mosquée est surmontée d'un minaret, du haut duquel les prêtres appellent les fidèles à la prière.

Poudrière.

C'est un grand bâtiment de forme ronde à l'épreuve de la bombe; à deux pas de là se trouve la ménagerie, entourée de jardins. Parfois l'aspect du lieu est si riant qu'on ne se croirait guère dans une forteresse, et cependant la Kasba est, comme nous l'avons dit, un lieu inexpugnable, muni de mille ressources pour sa défense. On y respire un air embaumé d'essence de rose, de sorte que cette résidence d'un pirate offrait la réunion de trois choses assez différentes, la guerre, le commerce, et tout le luxe des plaisirs séduisants. Que de réflexions fait naître un pareil état de choses ! Le commandant suprême de cette citadelle, qui d'un geste pouvait foudroyer la ville, le riche propriétaire de ces nombreux magasins, le sultan pour qui la mollesse déployait toutes ses ressources, n'aurait osé cependant faire un pas au dehors de son palais.

Fonderie.

Quelque temps après notre glorieuse expédition, on envoya à Paris plusieurs pièces de canon, autrefois prises par les corsaires. Le dey, qui avait une fonderie particulière, ne s'en servait jamais. La plus curieuse des pièces était la Consulaire, ainsi nommée parce qu'un consul fut un jour attaché à sa bouche, et ses membres épars volèrent sur la flotte qui venait attaquer Alger. La fonderie servait également à recevoir les matériaux des navires déchirés.

Les Forts de la marine.

Ces forts sont unis à la ville par un môle, parfaitement construit, et couvert d'une terrasse que supportent plusieurs voûtes, servant de magasin à l'attirail des navires. Les janissaires y avaient un poste on ne peut pas plus agréable, auquel était joint un café. En face était le pavillon du ministre de la marine. On y fumait et buvait le café, en goûtant, sous le soleil d'Afrique, la fraîcheur qu'apportaient les vagues qui venaient se briser sur son pilotis.

Caserne des janissaires.

Une chose remarquable, c'est que, malgré l'importance du corps des janissaires, ces militaires n'avaient pas une seule caserne bien construite. C'étaient tout simplement des baraques au nombre de neuf. L'intérieur en était assez agréable, mais aucune de leurs parties n'offrait de solidité.

La Manutention.

Immédiatement après la prise d'Alger, les Français purent s'en servir pour y faire le pain ; aujourd'hui on l'a modifiée, pour obtenir une économie de bois.

Le Bagne.

La triste célébrité de l'esclavage à Alger, les détails que nous donnons dans la relation de ces infortunes qui accablèrent tant de victimes exigent que nous parlions avec plus d'étendue de ce détestable lieu.

Lors de l'expédition, il n'existait plus qu'un seul bagne. L'expédition de lord Exmouth avait presque aboli l'esclavage; nous ne délivrâmes que les malheureux des deux bricks naufragés au mois d'avril précédent, des sujets grecs ou génois : en tout, cent vingt-deux personnes.

Ce bagne était une espèce de ruine dont dépendait une ancienne chapelle catholique qui servait d'atelier aux esclaves. Par une amère dérision, les corsaires avaient placé le despotisme à l'endroit même de l'autel du Dieu de bonté et de charité; les victimes y demeuraient étouffées. Quand les Français arrivèrent jusqu'au fort de l'Empereur, on commença à mieux traiter les chrétiens. Le jour où il sauta, on leur parlait avec douceur; le lendemain, on les rendit à la liberté.

Mosquées.

Chez tous les peuples, les lieux de prière se sont embellis par la piété des fidèles. Les mosquées algériennes, dont la construction surpasse tout autre bâtiment, en est une preuve de plus. Une fontaine élégante verse ses eaux limpides de chaque côté, et sert aux ablutions des Musulmans. Leur décoration, à la richesse près, se rapproche beaucoup de celle dont nous avons déjà parlé, en décrivant la *Kasauba* ou *Kasba*. Depuis l'occupation française, les Algériens ont permis aux chrétiens d'y pénétrer, pourvu cependant qu'ils ôtassent leur bottes. Autrefois, on eût été puni de mort. Il fallait purifier le temple, et, pour cela, il suffisait de le laver !

Religions.

L'exercice de toutes les religions était permis à Alger ; et il est à remarquer que les protestants ne purent y avoir une chapelle particulière. Les Algériens envoyaient à l'église leurs esclaves chrétiens, parce qu'ils sont persuadés que les hommes qui ne remplissent pas leurs devoirs religieux sont bien moins fidèles que les autres. Les Juifs y construisent librement leurs synagogues, qui sont toutes bâties dans la partie basse de la ville. Il n'y a point de tabernacle comme dans celles de France; sur les côtés sont des armoires revêtues de soie, où sont enfermés les livres bibliques.

Boutique des barbiers.

Il y a deux siècles à peine nos barbiers portaient l'épée et jouissaient des plus grands honneurs; trop souvent ils remplissaient l'office de chirurgien. Aux honneurs près, les barbiers algériens remplissent les mêmes fonctions; leurs boutiques sont le rendez-vous des nouvellistes et des flaneurs. On y va pour se faire raser, et aussi pour l'amputation d'une jambe. C'est chez eux que se trouvent les conspirations, les émeutes; les espions y viennent.

Bazars.

Ce sont de grandes maisons où chaque marchand européen a sa chambre. Elles ont quelquefois deux ou trois étages.

Les promeneurs les parcourent et achètent ce qui leur convient.

Restaurateurs.

Si parmi les officiers qui entraient dans Alger il y en eut qui se promirent de faire un bon dîner, leur estomac fut singulièrement trompé. D'ailleurs, il n'existait vraiment pas de restaurants. Les trois établissements de ce genre se trouvaient vraiment indignes de leur nom. A la porte est une espèce de fourneau composé de trois compartiments très-étroits, dans lesquels on fait un feu clair. Deux Maures tout dégoûtants de graisse y retournent des viandes coupées en petits morceaux, qu'ils enfilent dans de petites broches de fer. Ainsi préparées, on les retire, et les Bédouins les mangent en y mêlant du sel et des herbes.

Voilà toute la carte d'un restaurateur algérien!

Fondues.

C'est le nom donné aux auberges de la ville. Elles sont si propres que les étrangers n'ont rien de mieux à faire que de coucher à l'écurie. Un seul fait exception, c'est celui des caravanes.

Là se borne à peu près les bâtiments les plus remarquables de l'intérieur de la ville. Comme nous l'avons dit plus haut, Alger n'a que deux places publiques, celles des Caravanes et du Gouvernement. Cette dernière, formée depuis 1830, est entourée de constructions récentes avec une galerie comme dans la rue de Rivoli. Le matin elle sert de marché et le soir de salle de concert. A l'heure de la retraite on dispose des chaises, et un cercle brillant de femmes françaises, espagnoles et anglaises, et de militaires, vient se former pour entendre les musiciens de la garnison, tandis que les Maures et les Juifs se promènent de long en large, pêle-mêle avec les négociants européens, et que les Juives et les Mauresques couvrent les terrasses des maisons qui entourent la place.

Population.

En mentionnant les différentes races d'hommes qui occupent la Régence, nous n'avons point parlé du chiffre des habitants d'Alger, que l'on pourrait porter à 30,000 âmes.

Les jeunes Musulmans qui fréquentent les écoles algériennes sont très-attentifs à leurs devoirs; on peut entrer dans leurs classes sans les déranger. Les Juifs ont des écoles séparées, à l'entrée de leurs synagogues. Les professeurs israélites traitent bien plus rudement leurs élèves que les Maures; ils les frappent peu avec la main, mais ordinairement avec un nerf de bœuf. Quelques Algériens envoyaient leurs enfants dans les colléges de France et d'Italie; les filles seules n'apprennent point à lire. L'hôtel des monnaies est un galetas du palais du dey. Il est dirigé par des Juifs, qui seuls y sont occupés. Les monnaies qui ont cours dans le pays sont 1° les sequins dits algériens, fabriqués dans cet hôtel, et qui sont divisés en demi et quart; 2° les sequins *sermabouts*, monnaie du Grand-Seigneur, et qui se divise en demi; 3° la piastre d'Espagne. On frappe encore dans le pays des pièces d'argent, appelées roubles grandes, ou pièces de six mesonnes, d'autres de trois mesonnes ; la *mesonne*, qui équivaut à peu près à six ou sept sous, se divise en vingt-neuf aspics. L'*aspic* est une petite pièce carrée, sans aucun titre, dont il faut un nombre considérable pour le moindre paiement. Les monnaies algériennes ne portent aucune effigie, mais des lettres arabes des deux côtés ; sur une des faces, on lit : *Sultan des deux continents, maître des deux mers, sultan Mahmoud-Khan, son secours soit puissant ;* et sur l'autre : frappé dans Alger, 1241.

Industrie.

On a beaucoup parlé du commerce algérien, et cela prouve que l'on était ignorant de son véritable état, car la seule branche qui eût réellement un peu d'extension était l'essence de roses : toutefois il faut reconnaître que ce produit est fabriqué avec une perfection à laquelle les chimistes européens parviendraient difficilement. Cela ne tient-il pas à la qualité de ces fleurs en Afrique ? c'est ce qu'il est permis de penser. Les tapis y sont aussi fort estimés. La laine, la soie algérienne, sont renommées dans toute l'Afrique septentrionale ; la préparation de leurs cuirs rend cette marchandise aussi fort précieuse. Ils confectionnent des bonnets de laine. L'intérieur de la Régence compte des fabriques de faïence et de quincaillerie. La vannerie offre des objets on ne peut plus élégants ; enfin, ils ont plusieurs ciments solides. Il ne fabriquent que peu de poudre, et encore est-elle d'une qualité inférieure. Ils ignorent tout le travail de la mécanique, leurs produits sont en général grossiers.

Commerce.

Le commerce intérieur et de détail se trouve divisé entre les Maures et les Juifs, mais la force des choses amène naturellement les denrées entre les mains de ceux-ci, qui se rendent acquéreurs de toutes les marchandises. Les Arabes, les Berbères leur vendent ainsi à un prix modique des graines, des dattes, du miel et de la cire, du petit bétail, des chevaux.

Il se fait une autre espèce de commerce

extérieur; mais celui-ci n'est pas maritime. Il a lieu par delà l'Atlas. On divise donc le commerce en commerce oriental et commerce du sud. Pour le premier, on traverse les autres États de la Régence, Tunis, Tripoli, Maroc et l'Egypte; Alger n'est à leur égard qu'une succursale. En effet, des quatre grandes routes actuellement existantes pour passer de l'Afrique septentrionale dans l'Asie orientale, aucune ne part des villes algériennes.

Les marchands algériens, soit Juifs, soit Maures, commercent un peu au sud de Tunis avec une tribu particulière, dite Cadensi ou Gudenis; ceux-ci livrent de la poudre d'or, des plumes d'autruche, des dattes, etc., qu'ils tiennent en grande partie de l'Afrique centrale, et reçoivent en échange des dagues turques, de petits miroirs, des grains de colliers, des couteaux, des ciseaux, du tabac, du sel. Les marchés ont lieu d'une manière bizarre.

C'est le marchand maure qui fait l'offre. Il dépose dans un lieu particulier ce dont il a l'intention de se défaire, puis se retire. Le Nègre vient alors; et s'il veut acheter, il met à terre la quantité de poudre d'or, de plumes d'autruche, ou autres objets qui lui semblent l'équivalent de la marchandise du Maure ; après quoi il se retire à son tour. Lorsque le premier vient, s'il juge comme le Nègre que les articles placés à côté des siens les valent ou mieux encore, il les emporte, sinon il enlève sa marchandise. Dans ce cas, il revient au bout de quelque temps pour voir si le Nègre aura augmenté ses offres, et la négociation interrompue se trouve renouée. Si elle manque de nouveau, elle est finie sans retour.

Autant ce mode de trafic décèle de crainte et de défiance mutuelle de la part des deux races, autant il y a de probité dans les relations. Jamais il ne se perd le moindre objet. Au reste, ce commerce remonte aux temps les plus reculés, et les anciens en font mention dans leurs descriptions de l'Afrique.

A Alger, tous les métiers sont organisés en corporations, dont chacune a un chef nommé *amis*. Ce chef est le commissaire du public et le juge de paix des ouvriers de son état. Nous avons déjà cité les principaux états pratiqués à Alger. Le commerce proprement dit étant tout entre les mains du dey et des Juifs, les importations étaient plus considérables que les exportations.

Alger exportait de l'essence de roses, des étoffes de soie, des maroquins, des taffetas, du vermillon, des cuirs, des plumes d'autruche, du froment, de l'orge, du riz, de la cire, du miel, des olives, des oranges, des citrons, des dattes, des figues, des raisins et des noix.

Les Anglais y apportaient de leur toile et des calicots, mais le principal commerce se faisait avec l'Italie et un peu avec Marseille.

Des règlements de police.

Il était défendu à tout homme, hormis les Turcs, de parcourir la ville après huit heures. Une contravention était punie de cinq cents coups de bâton sur la plante des pieds, ou bien une amende. Pour la salubrité de la ville, chaque habitant est tenu de balayer le devant de sa maison. La police du commerce était des plus rigoureuses : une infraction aux lois des mesures était punie comme le vol, de la perte de la main, et une telle justice chez des pirates, des écumeurs de mer, la conçoit-on ? La mendicité y était tolérée et offrait souvent le plus triste spectacle.

Le culte public est défendu aux Mauresques ; on leur a seulement laissé le privilége d'aller prier sur les tombeaux en y portant des fleurs. Lorsqu'une femme a perdu son mari, elle va avec ses enfants passer une partie de la matinée au cimetière du défunt, elle pousse des hurlements affreux, et ses enfants l'imitent. Cependant cette douleur, toute vive qu'elle soit, a un temps prescrit. La mélancolie ne les prend jamais ; leurs larmes ne sont sincères que lorsque la mort de leur mari autorise le gouvernement ou leurs enfants à les dépouiller de leur fortune, ce qui arrive souvent.

Les dames algériennes, lorsqu'elles vont en campagne, montent une mule sur laquelle est attaché un bât garni, aux deux côtés, d'une petite échelle large de deux pieds et demi et haute de trois ; quand la dame est assise les jambes croisées sur un coussin qui est placé entre ces deux montants, l'on prend une couverture que l'on arrange autour d'elle, en l'appuyant sur les échelles, ce qui forme une petite tour carrée où le jour ne pénètre que par le haut. Le commun va à pied; et le plus souvent le mari, porté sur une mule ou un âne, chasse toute sa famille devant lui à l'instar des nomades.

On voit maintenant à Alger des maisons construites à la française; là, c'est l'hôtel l'Europe, l'hôtel du Nord, l'hôtel de Paris; des bains et presque toutes les industries de France : les colons ne désespèrent pas d'y voir bientôt des omnibus.

Du côté du jardin on trouve mille guinguettes comme aux barrières de Paris, la Chaumière, l'Élysée, le Cirque.

Les grandes propriétés des environs d'Alger sont surveillées par des gardes champêtres, ayant la plaque sur le bras comme dans nos campagnes.

Si donc notre établissement a obtenu tant de succès en si peu de temps, que ne doit-on pas espérer, actuellement que le gouvernement semble se prononcer pour la colonisation ?

CHAPITRE XII.

DIVISIONS DE LA RÉGENCE.

La régence d'Alger est divisée en quatre gouvernements ou provinces : 1º province d'Alger, 2º de Tittery, 3º de Constantine, 4º d'Oran. La province d'Alger est séparée de celle d'Oran par le Masafran, de celle de Constantine par le Bonberak, et de la province de Tittery par une ligne conventionnelle qui, parallèle à la côte maritime, se trouve à une lieue de distance du pied du petit Atlas. Elle comprend la vaste plaine de Metidja, du Bondon ou Kadam, du Corso, et le fertile bassin de l'Isser. De très-belles routes déjà plantées entourent Alger et facilitent les communications. Les cabriolets roulent maintenant dans ce même sol où les pieds des chameaux foulaient des broussailles.

Environs d'Alger.

Parmi des agaves, des dattiers nains au milieu desquels on voit çà et là quelques superbes palmiers, dont les tiges droites portent leurs têtes plus haut que les minarets des mosquées, sont répandus aux environs d'Alger les tombeaux, but de pèlerinage pour les Algériens. Il y en a plusieurs vraiment remarquables : ceux des Marabouts, comme nous l'avons déjà dit, sont de ce nombre. Il y en a un, entre autres, appelé des Cinq-Deys, parce qu'il renferme les cendres de cinq deys qui, dans une de ces révolutions sanguinaires dont Alger a offert de si nombreux exemples, ont été élus et massacrés dans le même jour. Fatigués de répandre le sang, les Barbares se rendirent à une porte convenue, en prenant la résolution de nommer dey le premier qui en sortirait. Le sort désigna un pauvre cordonnier qui se défendit d'un tel honneur, mais qui fut plus tard contraint de l'accepter, et devint un des meilleurs que les Algériens ait jamais eus.

A trois cents mètres au delà des tombeaux on trouve le cimetière des chrétiens, dans lequel ont été enterrés beaucoup de nos soldats morts en Afrique.

En suivant le chemin qui passe devant ce cimetière, on arrive à la maison de campagne du dey, bâtie sur les bords de la mer. On y est conduit au milieu de deux rangées de fours à chaux dont les cônes majestueux s'élèvent à une grande hauteur. Ces fours sont très-nombreux en raison de la grande consommation que les Algériens en font pour blanchir leurs maisons. La porte voûtée de la campagne du dey n'offre rien de remarquable; à l'entrée sont les écuries, puis une treille magnifique formant galerie qui conduit jusqu'au corps de logis principal; à son extrémité aboutit un verger d'orangers. En le quittant, on entre dans une cour carrée très-simple; mais ensuite on en trouve une autre pavée en marbre blanc et entourée de galeries dont les colonnes torses sont également en marbre blanc. Quelques chambres donnent sur la mer. On sort de cette maison par la porte du jardin, à laquelle aboutit une petite allée longée par un ruisseau artificiel, bordée de fleurs et d'arbrisseaux odoriférants.

Lors de la prise d'Alger, il y avait déjà longtemps que le dey avait habité cette campagne. Il la louait à son ministre des finances.

A peu de distance de là est bâtie la poudrière du dey. C'est un bâtiment très-vaste, dans lequel on remarquait plusieurs salles voûtées d'une grande beauté. Les instruments que les Algériens emploient pour la fabrication de la poudre sont parfaitement faits.

Les vignes de ces environs sont d'une beauté et d'un produit étonnant. Il y en a qui, après avoir atteint la cime des arbres, s'étendent à d'autres pour former des berceaux naturels; elles furent plantées par les Maures chassés de Grenade.

Les environs d'Alger, en sortant par la porte Neuve et se dirigeant vers le château de l'Empereur, ne sont pas à beaucoup près aussi beaux que ceux que nous venons de décrire. Sur la hauteur des Tayacins, qui domine la Kasba, on remarque un vaste bâtiment, tout entouré de hauts murs blancs : c'étaient autrefois les écuries du dey ; les Français en ont fait un quartier d'artillerie. Ce bâtiment contient des logements pour plus de deux cents chevaux. Autour des écuries il y a trois ou quatre maisons particulières qui ne méritent pas d'être décrites. Au-dessous, du côté de Bab-Azoun, est une grande poudrière construite comme toutes celles des environs d'Alger ; ce sont des bâtiments rectangulaires, voûtés à l'épreuve de la bombe, et composés de trois longues pièces à côté les unes des autres. Après cette poudrière on arrive au château de l'Empereur par un chemin extrêmement difficile qui tournoie entre deux haies d'agaves et de nopals, sans rien rencontrer de remarquable qu'une fontaine de construction mauresque, comme celles qui se trouvent sur toutes les routes.

Le château de l'Empereur, bâti sur le sommet d'une colline à 1100 mètres au sud de la Kasba, et 200 mètres au-dessus du niveau de la mer, est construit en briques avec de fort mauvais mortiers. On lui a donné le nom de fort de l'Empereur, parce que c'est sur la colline qu'il occupe que Charles-Quint avait établi son camp. Les Français l'ont réparé. Il contient des logements pour mille hommes, deux grandes poudrières, une citerne; lorsqu'on l'attaqua en 1830, il était armé de cinquante canons et de six mortiers.

Sur la route de Sydi-Essondy, on voit deux superbes maisons de campagne qui appartiennent aux consuls de Suède et de Hollande. Au-dessous du consulat de Hollande se trouve une vallée profonde arrosée par un grand nombre de fontaines, et toute remplie de grenadiers, de myrtes, d'orangers sauvages, de figuiers. L'armée française s'y battit pendant cinq jours contre l'armée algérienne qui en disputait le passage.

Le *Marabout* est une sorte de mosquée de campagne; la plupart sont bâties sur des rochers.

CHAPITRE XIII.

PROVINCES. — BEYS.

Avant la conquête, la Régence était divisée en quatre provinces ou gouvernements. Le commandement en était confié à des beys, lesquels exerçaient une autorité souveraine. Tout-puissants chez eux, ils devenaient de simples particuliers à Alger : ce n'est que lorsqu'ils apportaient au trésor la redevance de leurs provinces qu'on les recevait avec une grande cérémonie. Presque toujours ils parvinrent à se rendre indépendants.

Les provinces étaient ainsi désignées du nom de leurs capitales : Alger, Tittery, Oran et Constantine. Lorsque la nouvelle de la révolution de 1830 parvint en Afrique, le général en chef prit immédiatement des mesures pour faire rentrer à Alger les différentes divisions de troupes que la marine avait été chargée de transporter à Bone et à Tunis. Les habitants de Bone avaient vu ce départ avec un vif sentiment de chagrin, aussi se réjouirent-ils plus tard lorsqu'ils apprirent que les Français allaient prendre de nouveau possession de leur ville. En effet, le général Clausel, qui, à l'issue de ce grand événement, avait été choisi pour succéder au vainqueur de la colonie, s'empressa d'occuper les points les plus importants de la Régence ; lui-même se mit à la tête d'un petit corps d'armée, résolu à purger les plaines de la Medidjis des Bédouins qui l'infestaient. Il prit Blida ; de là il se transporta à la ferme dite de l'Aga, située au pied du petit Atlas. Il y laissa un bataillon et poursuivit sa marche jusqu'au col de Ténia. Le bey de Tittery, dont on voulait punir la mauvaise foi, s'y tenait à la tête de sept mille hommes. Le général français s'aperçut bientôt que l'Africain avait négligé ses moyens de défense, en concentrant tout son monde. Le col de Ténia fut emporté, et le bey, menacé de mort par les siens, aima mieux se confier à la générosité du général français. Celui-ci prit immédiatement la route de Médéa, capitale de Tittery, dont il s'empara sans coup-férir. Après y avoir établi une bonne administration, il revint à Alger, ayant ainsi soumis la plaine, débarrassé les environs d'Alger, et puni un bey parjure.

Province de Tittery.

Cette partie de la Régence est située entre le Sahara ou Grand Désert, et les trois autres provinces de la Régence.

Elle ne contient que deux villes, Blida et Médéa, situées l'une et l'autre près des frontières de la province d'Oran.

Blida est dans une situation on ne peut plus agréable, au milieu d'un pays fertile et qui forme la plaine des environs d'Alger. Médéa est sur le petit Atlas. Un des devoirs les plus importants du bey de Tittery était de surveiller les caravanes qui se rendaient dans l'Afrique centrale. Depuis que nous sommes à Alger, un nouveau bey a été nommé. Nous avons vu comment le maréchal Clausel avait soumis sa province.

Province de Constantine.

La province de Constantine, dont la ville de ce nom est la capitale, est limitée à l'est par la régence de Tunis; elle s'appuie au sud sur le grand Atlas, et le Jurjua la sépare des provinces d'Alger et de Tittery. Autrefois elle appartenait aux Tunisiens, qui la perdirent dans le XVIIe siècle.

Constantine est à soixante-trois lieues d'Alger, bâtie sur une montagne dont la base est presque entièrement baignée par la rivière.

On se souvient de l'échec que nos troupes y éprouvèrent vers la fin de 1836. Notre armée couverte de neige, fut contrainte de laisser dans les chemins, détruits par le mauvais temps, une partie des bagages et quelques fourgons chargés de blessés. Incessamment harcelée par l'ennemi, elle dut son salut à la fermeté de ses officiers.

Une nouvelle expédition doit venger bientôt cette défaite et mettre la France en possession d'une des villes les plus importantes de la Régence.

Constantine, qui est assez bien fortifiée, est l'ancienne *Cirta* des Numides. On prétend que le nom de Constantine lui vient d'une fille de l'empereur Constantin qui la fit rebâtir avec une grande magnificence, sous Caligula : elle était la capitale de la Mauritanie Césarienne.

Les ruines sont très-nombreuses dans cette province ; les plus célèbres sont celles de *Collo*. Son plus grand produit est une espèce de jonc dont on tire la cire.

Les villes importantes de la province de Constantine sont encore Bone et Bougie.

Bone.

Bone est un petit port de mer situé à quatre-vingt-quinze lieues à l'est d'Alger. Il est bâti sur un promontoire qui s'avance assez loin dans la mer ; la ville est construite au pied d'un mamelon très-prononcé dont les flancs viennent aboutir jusqu'au rivage. L'enceinte est formée par une forte muraille plus faible dans certains endroits, mais cependant susceptible de défense contre les habitants de la plaine. Bone a quatre portes. Autrefois sa population était assez nombreuse, aujourd'hui elle se trouve réduite à seize cents âmes. Comme Alger, elle possède une citadelle ou Kasba. Les environs sont couverts de tombeaux fort révérés; la partie qui s'étend devant la ville est très-favorable à la défense. Trois rivières se jettent dans la baie; près de là, sur une montagne, se trouvent les ruines de l'ancien couvent de Saint-Augustin. Les habitants sont des Maures qui autrefois faisaient un commerce assez étendu avec l'Europe. Tout à fait différents des Algériens, ils ne prirent point la fuite lors de l'approche des Français. Tant que dura notre occupation, les habitants de Bone ne cessèrent de donner aux Français des témoignages de bonne amitié; lorsque les troupes reçurent l'ordre d'évacuer la ville, ces braves gens restèrent exposés à toute la colère des hordes voisines, irritées de l'accueil fait aux Français. Les Maures défendaient courageusement la ville contre le bey de Constantine, qui les somma de se rendre. Ce chef renouvela souvent ses sommations, encouragé par l'appui des Berbères et des autres peuplades qui avoisinent la ville.

Les autres renseignements que nous pourrions donner sur cette ville ne nous ont pas paru suffisamment exacts, et nous avons préféré nous en rapporter à cette courte digression.

Oran.

Oran est la capitale de la province de ce nom : sa distance d'Alger est d'environ soixante-quinze lieues.

Oran est situé sur une éminence qui s'abaisse en amphithéâtre jusqu'aux bords de la mer. Il est divisé en trois quartiers bien distincts échelonnés les uns au-dessus des autres. Le plus élevé est habité par les négociants européens, les indigènes et les Juifs, dont plusieurs ont de belles demeures; le second, par les troupes ; le troisième, appelé *la Marine*, contient l'arsenal, la douane, les consulats, les magasins militaires et les cantines. Les principaux édifices, à l'exception de deux mosquées et de leurs élégants minarets, sont l'ouvrage des Espagnols qui, lors de leur expédition malheureuse contre Alger, en 1509, choisirent Oran comme point de départ de leurs armées de terre et de mer.

En considérant l'ensemble des fortifications, on est surpris des travaux immenses qu'elles ont dû coûter. Plusieurs murailles intérieures sont faites en *pisé*, mélange de terre glaise et de gravier; elles ont acquis une consistance pour ainsi dire granitique, et paraissent devoir résister longuement encore aux injures du temps. Le Château-Neuf domine la ville et la plaine à l'est; il sert d'habitation au gouverneur de la place et à son état-major. Le fort de la Vera-Crux est situé au sud sur un pic extrêmement élevé d'où l'on doit, en temps propice, et à l'aide de bonnes longues-vues, apercevoir les côtes de Carthagène. C'est de cette hauteur qu'on signale les navires en vue et l'approche des Bédouins. La vieille Casauba est un monument curieux par sa vaste étendue. On y distingue le bâtiment de l'Inquisition, une maison à portiques avec le millésime suivant que je laisse à déchiffrer (ᴅᴄɪᴐɪᴐɪxxxɪɪ), des casernes restaurées nouvellement, enfin d'immenses souterrains qui, traversant la ville en tous sens, et de part en part, pourraient introduire l'ennemi jusque dans son sein.

La diversité des langues et des costumes fait d'Oran une véritable tour de Babel. On y rencontre pêle-mêle : Arabes, Maures, Turcs, Juifs et Nègres, Polonais, Italiens, Espagnols et Français. Tous les coins et recoins ont reçu des noms de l'empire et de l'ordre de choses actuel. On voit, sur la place d'Orléans, une fontaine dont une inscription rappelle le tremblement de terre qui força les Espagnols à abandonner définitivement la ville. Elle était alors florissante et peuplée ; depuis elle n'a fait que déchoir.

Entre le quartier supérieur et les deux autres est un vallon charmant qu'une source abondante, divisée en mille rigoles, arrose et féconde en même temps ; mais, autant ce vallon, qu'on appelle improprement le *Ravin*, est riant et fertile, autant la campagne environnante est sèche et aride. Cependant, de toutes les terres de la Régence, celle-ci est la plus favorable à la culture et à la colonisation. Dans peu de temps, si le gouvernement en avait le vouloir, elle fournirait à la France toutes les productions des Indes.

Sur le haut de la tour d'un minaret d'Oran on voit un nid de cigognes, formé d'un énorme morceau de bois sec, que, depuis un grand nombre d'années, les oiseaux qui l'ont construit ou leurs descendants entretiennent soigneusement.

La cigogne étant un oiseau vénéré des Musulmans, les soldats français, par l'ordre des autorités militaires, ont jusqu'à présent respecté celles qui habitent le minaret de l'hôpital.

Une plaine superbe se développe autour d'Oran du sud à l'est, dans un espace de six à huit lieues. On y trouve des lacs couverts de cignes qui se jouent à travers les belles plantes dont ses bords sont couverts.

Des autres Régences barbaresques.

L'attaque contre Alger paraissant devoir effrayer les autres Régences barbaresques qui, également adonnées à la piraterie, avaient provoqué plus d'une fois la colère et la vengeance des grandes puissances maritimes, le dey d'Alger espérait en tirer quelques secours ; mais le bey de Tunis fit la sourde oreille et parut charmé de l'embarras de son seigneur ; le bey de Tripoli répondit par une lettre affectueuse ; nous la donnerons à la fin de notre ouvrage, afin que le lecteur juge de l'esprit des missives musulmanes.

Il n'entrait point dans notre plan de parler des autres Etats, seulement nous donnons ici quelques détails sur les Tripolitains, d'après la relation d'un voyageur. La route de Tunis à Tripoli est extrêmement dangereuse ; rien n'égale la sombre tristesse des forêts qui la bordent. Lorsqu'une caravane la parcourt, les bêtes féroces, excitées par l'odeur des bestiaux, poussent d'affreux hurlements ; la nuit, les voyageurs allument de grands feux pour les éloigner ; quand ces feux viennent à s'éteindre, les animaux se rapprochent et les moutons de la caravane tremblent comme s'ils avaient la fièvre ; les chiens, non moins intimidés, se lèvent de toutes parts, se rassemblent sur un seul point, et paraissent vouloir, par leurs aboiements réunis, effrayer leurs redoutables ennemis.

On entre dans ces solitudes après avoir traversé les ruines. Udéna, le pacha de Tripoli, comme tous les despotes de la Barbarie, a des trésors considérables qu'il ne fait qu'amasser sans jamais rien dépenser. L'armée même de Tripoli n'est point payée. Un officier, questionné un jour sur la paye du soldat, répondit qu'elle consistait dans ce que chacun pouvait prendre. On peut à peine se former une idée de la profusion d'or, d'argent et de pierreries qu'offre l'intérieur du château de Tripoli. Une dame anglaise y prit un jour du thé dans des tasses de porcelaine placées dans d'autres tasses d'or travaillées en filigrane sans soucoupes, sur un guéridon d'or massif; deux valets le présentaient à toutes les personnes de la société. On apporta aussi des rafraîchissements sur des tables de la plus belle marqueterie. Après la collation des esclaves parfumèrent l'appartement avec des encensoirs d'argent à jour, et offrirent aux étrangers des serviettes dont les extrémités étaient brodées en or, à la hauteur d'une demi-aune.

Malgré toute la splendeur qui les environne, les filles du pacha ne sont nullement étrangères aux soins domestiques; elles tricottent, travaillent au métier, brodent et même filent de la laine; elles surveillent aussi la préparation des aliments, et seraient dans nos pays de fort bonnes ménagères.

Les plaisirs de la table ne font point partie de ceux que l'habitant de Tripoli affectionne. Il prend le couscoussou avec la main, en forme une espèce de boulette qu'il porte à la bouche, en retire ce qu'il n'a point avalé; et, par une singulière économie, le jette dans le plat pour qu'un autre en profite. Puisque nous sommes sur ce chapitre, nous ferons mention d'un repas offert à un consul anglais. Il lui fut apporté par deux hommes suant à grosses gouttes, et succombant sous le poids d'une civière où se trouvait un énorme vase de porcelaine rempli de couscoussou; plus un mouton entier, qui, quoique dépouillé et ayant l'air d'être rôti, paraissait n'avoir pas été vidé; toutefois on reconnut bientôt le contraire; car ayant été ouvert, il s'en échappa une immense quantité de poudings, de godiveaux, de hachis et d'autres viandes préparées de différentes manières, et qui attestaient le savoir des cuisinières maures.

Quoiqu'il n'existe aucun système régulier d'éducation publique à Tripoli, on y trouve cependant un grand nombre d'écoles où l'on enseigne à lire et à écrire aux enfants de la classe pauvre.

A Tripoli comme à Alger l'embonpoint est considéré comme un type de beauté, aussi engraisse-t-on les jeunes filles pour les marier avantageusement. Pour y parvenir, les femmes se nourrissent d'une graisse appelée *el houba* qu'elles mêlent à leurs aliments ordinaires. Quoi qu'il en soit, les femmes de Tripoli savent bien qu'il est plus avantageux d'avoir une taille svelte et effilée.

Outre le poignard, les Tripolitains satisfont leur vengeance par le poison qu'ils administrent dans une tasse de café. Ce dernier moyen est même devenu si commun, que lorsqu'une personne meurt subitement, on dit qu'elle a pris son café.

A la fête du Beiram qui a lieu chez tous les peuples de la Régence, il est d'usage que tout bon Musulman renonce à ses haines. Le pacha passe une grande revue ce jour-là; il revêt ses habits les plus riches : un banuan flottant passe sur ses épaules ; un cafetan jaune, brodé en or et en argent, recouvre sa poitrine. Il porte un baudrier garni de pierreries, et une draperie d'or attachée au turban retombe de chaque côté. D'ordinaire il monte un cheval magnifique qui semble rivaliser de splendeur avec son maître ; il n'a pas moins de quatre magnifiques housses ; son large poitrail fait merveilleusement ressortir les chaînes d'or massif qui pendent à son cou.

CHAPITRE XIV.

GOUVERNEMENT DE LA RÉGENCE.

—

L'existence des deys n'est pas aussi ancienne que celle d'Alger et de la piraterie.

Autrefois, c'est-à-dire dans le commencement, le sultan faisait gouverner les États barbaresques comme l'Égypte, par un pacha qui lui payait une certaine redevance. Mais les Turcs au service de ces pachas firent comprendre au sultan que cette manière de faire lui serait fatale, et ils obtinrent d'élire eux-mêmes le chef qui devait commander aux Barbaresques; on lui adjoignit un conseil de tous les officiers turcs, mais plus tard l'autorité de ces deys diminua le nombre de ces conseillers.

L'élection du dey se faisait devant toute la milice réunie au palais; l'aga, qui en était le commandant en chef, monté sur un tabouret, demandait, en criant de toutes ses forces, qui l'on voulait élire pour dey; chacun nommait celui qui lui plaisait, qui lui paraissait le plus digne de l'être. Alors on le revêtait de la robe de soie, marque de dignité, et aussitôt tout le monde s'écriait : *A la bonne heure!* ainsi soit-il! Des crieurs parcouraient les rues pour l'annoncer au peuple.

Souvent les renverseurs du dey ne s'entendaient pas pour celui qu'ils voulaient nommer, alors c'était le combat qui en décidait.

Autrefois les deys habitaient une assez mauvaise maison, située dans le bas de la ville ; mais l'un d'eux, ne voulant pas être continuellement exposé aux fureurs des janissaires, fut assez habile pour s'installer à la *Kasba*.

Le lendemain de ce déménagement les Turcs se révoltèrent et prirent la résolution de tuer le dey; celui-ci les décontenança par son héroïque défense, et eut ainsi la gloire de mourir plus tard de sa belle mort en 1818, époque à laquelle fut élu celui que nous avons détrôné.

Le dey ne sortait jamais de son palais; pour gouverner les provinces, il avait des beys tout aussi maîtres que lui dans leur ville. La Régence était divisée en quatre gouvernements.

Le dey d'Alger avait six ministres chargés chacun d'un département de l'administration : le ministre des finances, lors de la prise d'Alger, se tenait auprès du trésor pour nous en remettre la clef; *l'aga*, ministre de la guerre, auquel on remettait tous les soirs les clefs de la ville;

le ministre de la marine. Tous les navires étrangers qui partaient d'Alger étaient visités par le ministre de la marine, qui s'assurait si aucun esclave étranger n'était allé s'y cacher.

Le *belh-el-mel* était chargé de s'emparer, au nom du dey, de toutes les successions dévolues à l'Etat par la condamnation à mort, l'exil. Le *kodja-del-key* était un officier chargé des chevaux et de tous les bestiaux qui appartenaient au dey.

Le *kodja-del-osene* avait l'administration de tous les magasins de la ville, et il était chargé de percevoir les contributions.

Pour toutes ces différentes branches de l'administration, il y avait des écrivains employés.

Le *mezuar* était le préfet de police; cette qualité lui donnait aussi celle de chef des bourreaux, position très-honorée chez ces barbares.

Enfin il y a à Alger et dans toutes les villes de la Régence une classe d'hommes nommés les Ulémas, qui savent assez bien lire, et font toutes les affaires des particuliers.

CHAPITRE XV.

MAISON DU DEY.

La garde en était confiée à des canonniers maures, à des Turcs, exécuteurs aveugles des volontés de leurs maîtres.

Les différentes fêtes de l'année y étaient célébrées comme dans les villes. La plus importante était celle du Beiram, où les grands dignitaires de l'Etat étaient admis à baiser la main au dey; les consuls européens partageaient cet honneur. Puis venaient les jeux. Il y en avait une autre qui arrivait soixante-dix jours après le Beiram, et qui durait quatre jours. Dans le premier jour, le dey allait à la mosquée avec sa garde et ses ministres. Quand il était rentré il faisait tuer un mouton, et aussitôt après, une sentinelle, placée sur la terrasse au-dessus des appartements du prince, arborait un drapeau; à ce signal tous les forts de la marine et ceux de la ville tiraient une salve d'artillerie pour annoncer aux habitants que le dey avait tué son mouton, et qu'ils pouvaient en faire autant. Ce jour-là on baisait encore la main du dey.

Cette fête était populaire les trois premiers jours, et militaire le quatrième.

Election du Dey.

Selon la constitution primitive de l'Etat, le dey devait être choisi par la voix unanime de l'armée. Dès que le trône était vacant, la milice s'assemblait; dès qu'un candidat avait réuni tous les suffrages, on lui donnait immédiatement le cafetan. On le place sur le trône, qu'il le veuille ou non, et alors on s'écrie : C'est lui! c'est lui! que Dieu le comble de bonheur et de prospérité! Le cadi lui lit ensuite les obligations attachées à sa dignité. Elles portent en substance que Dieu l'ayant appelé au gouvernement du royaume, il doit employer son autorité à punir le méchant, à procurer le bonheur à l'Etat. Les assistants baisent ensuite ses mains. Cette importante cérémonie se passait en une heure ou deux. Ainsi que nous l'avons vu, elle avait rarement lieu sans effusion de sang.

Le dey, à son élection, envoie un ambassadeur à Constantinople, chargé de présents pour accomplir la formule ordinaire exprimant ses témoignages de respect; et le Grand-Seigneur, satisfait de cette espèce d'hommage, expédie à son tour un cafetan au nouveau promu, par un officier subalterne qui est reçu à Alger avec les marques de la plus grande distinction, et qui n'y reste cependant que le temps nécessaire pour sa mission. S'il voulait passer le terme, il serait éconduit, et c'est ce qu'on a vu plusieurs fois. Le besoin de recrues paraît être le premier motif qui a fait établir la cérémonie de l'hommage ; la crainte des événements de la guerre a contribué à l'entretenir.

L'année 1700 fut une époque mémorable pour la Régence. Depuis la création des deys, les pachas envoyés par la Porte n'avaient joué dans les provinces algériennes qu'un rôle subalterne. Baba-Ali, élu dey dans ladite année, après avoir maîtrisé les chefs de la milice, arrêta de sa propre main le pacha turc, le conduisit au port en lui tenant un poignard sur la gorge, et l'embarqua sur un bâtiment algérien, qui eut l'ordre de mettre à l'instant à la voile, et de partir pour Constantinople.

Cette conduite violente envers le représentant du Grand-Seigneur devait être considérée comme un acte de rébellion ; mais on craignit à Constantinople une rupture immédiate, et l'on ménagea le hardi novateur. Depuis lors les deys d'Alger ont toujours obtenu le titre de pachas, qui a été conféré à tous ceux qui régnèrent assez longtemps pour que l'on pût en apporter les insignes de Constantinople.

Des armées arabes.

Depuis plus de six ans que nous guerroyons en Afrique, l'on n'a eu en France qu'une idée tout à fait incomplète et inexacte des troupes arabes, de leur tactique, de leur discipline, de leur mode de recrutement, d'armement et de campement : nous allons essayer d'en donner une idée aussi exacte que possible.

La cavalerie forme la principale force des armées arabes. Mais il faut savoir d'abord ce que c'est qu'un cavalier arabe.

Ceux qui voient les choses à travers le prisme d'une imagination fantastique, les poëtes et les peintres, par exemple, nous représentent l'Arabe au regard fier, à l'aspect imposant et plein de gravité, à la tournure guerrière, revêtu d'un somptueux costume, couvert d'armes étincelantes, et monté sur son superbe coursier du désert; mais, hélas ! quel désappointement lorsque de ces hauteurs il faut descendre dans la réalité !

Or, voici au juste ce que c'est qu'un cavalier arabe :

Couvert de son haïk, espèce de couverture d'un blanc plus qu'équivoque, assujettie au sommet de la tête par une corde de poil de chameau qui donne plusieurs tours, ses bras, ses jambes, sont ordinairement nus et basanés; lorsqu'il a des babouches ou des bottes de maroquin, elles sont armées d'éperons d'une dimension formidable, qui consistent en une pointe de fer de cinq à six pouces de longueur. Il tient dans ses mains et porte appuyé sur le pommeau de sa selle ou en travers un fusil d'une longueur exorbitante, dont le bois lourd, d'une forme antique, est orné de sculptures et d'incrustations en métal ou en ivoire; un yatagan, espèce de couteau de chasse à gaîne d'argent ou de métal ciselé, et plus ordinairement en bois, est passé dans sa ceinture; quelquefois de mauvais pistolets complètent cette tenue militaire, dont le délabrement, l'aspect sauvage et misérable, sont ce qui frappe le plus.

La plupart des chevaux ont une apparence des plus chétives, malgré leurs excellentes qualités, parce qu'ils manquent de soins; nos chevaux de troupe, mieux nourris, mieux traités, mieux harnachés, ont infiniment plus de beauté et de vigueur. On voit fort peu de chevaux arabes; ils viennent de la province de Biscara, de l'autre côté de l'Atlas; les chevaux barbes leur cèdent pour l'élégance et la grâce des formes, mais nullement pour la vitesse; sobres, solides, ils supportent admirablement la fatigue et les longues marches. Le harnachement est détestable; il n'est même pas rare de voir de ces fameux cavaliers arabes qui, à défaut de selle, sont montés sur des bâts.

Les chefs principaux, les hommes riches, ont de belles selles, très-exhaussées devant et derrière, garnies en velours, brodées, à Tunis ou à Alger, en or et en argent; des brides en soie, des étriers ornés de ciselures; mais ceci est l'exception. L'ensemble du costume et de l'armement de ces chefs opulents est pittoresque et ne manque pas d'une certaine élégance; mais la foule des combattants, la plèbe des armées, est tout à fait déguenillée et mal posée à cheval.

Voyons maintenant ce que sont les guerres des Arabes.

D'abord, dans la vie privée, chaque homme, ou du moins chaque famille, est le vengeur de sa propre cause; cette susceptibilité, qui calcule et le tort et l'outrage, empoisonne de son mortel venin toutes les querelles des Arabes. L'honneur de leurs femmes et celui de leurs *barbes* se blessent aisément ; une action indécente, une parole de mépris ne peut être expiée que par le sang du coupable; s'il périt de leurs mains, ils se trouvent exposés à leur tour au danger des représailles; l'intérêt et le principal de cette dette sanguinaire s'accumulent, et ce n'est quelquefois qu'au bout de plusieurs années que peut être finalement soldé ce compte de vengeance et de sang.

Dans les petites guerres intestines de tribu à tribu, lorsque l'une d'elles a été dépouillée de quelques troupeaux ou de quelques pâturages, le signal des hostilités est aussitôt donné; les hommes de bonne volonté, et ils le sont tous lorsqu'il s'agit de pillage, se présentent, les pauvres à pied, les riches à cheval; le cheik conduit ordinairement l'expédition; l'on surprend l'ennemi, on reprend avec usure les troupeaux enlevés et l'on coupe quelques têtes.

L'anarchie est l'état normal des innombrables tribus qui couvrent le territoire, toujours armées, toujours prêtes à la vengeance ou à l'agression; cet état d'hostilités perpétuelle les aguerrit, mais seulement aux guerres de surprise, d'enlèvement ou de fuite ; les luttes sont rarement acharnées : quelques hommes tués décident la retraite, et l'on conçoit que s'il en était autrement, toute la population disparaîtrait bientôt. Après la victoire l'on a soin de se garder et longtemps et avec persévérance ; car, au moindre relâchement, l'ennemi accourt, prend sa revanche, et ces sanglantes représailles se perpétuent jusqu'à ce qu'une autorité plus puissante ou les tribus voisines s'interposent pour mettre un terme à ces brigandages.

La force des tribus varie à l'infini : il en est, comme celles des Douaires et des Smelas près d'Oran, et des Bena Mohammed près de Stora, qui peuvent mettre jusqu'à deux mille hommes à cheval, tandis que d'autres n'en ont que cent ou cent cinquante. Souvent la même tribu est partagée en petits camps de vingt à vingt-cinq hommes, d'autres sont compactes ; il est enfin de faibles tribus qui ne comptent que dix tentes, et même trois. Aux environs d'Alger, les fameux Hadjoutes, connus de tous temps pour d'audacieux bandits, ne peuvent pas mettre plus de six cents hommes à cheval, réunis aux tribus de Mouzaya, de Flissa, de Soumaya et de Beni-Menad, leurs auxiliaires ordinaires.

La guerre contre les chrétiens, les *Roumi*, réunit toutes les tribus, du moins celles qui obéissent à un chef influent : les rivalités disparaissent devant l'intérêt commun; cependant, en 1830, après notre débarquement à Sidi-Ferruch, le dey n'avait pu réunir que trente mille hommes au plus; dans la campagne de Mascara, Abd-el-Kader, qui exerçait alors une grande influence sur les tribus guerrières de l'ouest, n'avait autour de lui que dix à douze mille combattants, et il est probable qu'Achmet-Bey n'en avait que huit à dix mille à Constantine. Dans les expéditions ordinaires et moins importantes, il est rare que l'ennemi montre plus de mille à quinze cents hommes ; ce sont ces rassemblements que les Arabes, si portés à l'exagération, annoncent pompeusement comme des armées de quinze à vingt mille hommes.

Dans les guerres générales, le muzzen du haut de son minaret où il convoque les vrais croyants à la prière, le marabout dans sa mosquée, proclament la guerre et appellent le peuple au combat sacré. Chacun alors prépare ses armes et son cheval, et se pourvoit de vivres et de munitions; les chefs de tribus réunissent leurs contingents, ils se mettent en marche sans observer aucun ordre, et ils arrivent au lieu désigné pour le rassemblement, où ils occupent le poste indiqué pour leur campement, les uns au bivouac, les autres sous la tente.

Le désordre et la confusion qui règnent dans un camp arabe offrent un spectacle des plus pittoresques. Ici, un Arabe couché sur la terre, enveloppé dans son bernous, fume philosophiquement sa longue pipe en tuyau de bois odorant; plus loin, un marabout débite d'une voix nasillarde ses inspirations superstitieuses; des Nègres de Biscara et de Tombuctou, espèce de cantiniers, préparent dans de grandes terrines le couscoussou national, et font griller des viandes sur des charbons ardents; des Juifs achètent tout ce que l'on veut, et ils vendent en secret des liqueurs, et surtout de l'anisette, dont les Arabes sont très-amateurs; des mendiants, des aveugles parcourent le camp au son d'une flûte criarde de roseau, en invoquant la charité au nom de Mahomet et de saint Abd-el-Kader ; des cheiks à la démarche solennelle promènent leurs airs de supériorité, tandis qu'un groupe d'hommes graves, enveloppés dans leurs haïks, assis en cercle, les jambes croisées, la pipe à la bouche, écoutent avec une imperturbable patience, en caressant tour à tour leurs pieds nus et leur barbe noire, un orateur dont le discours prolixe ferait la désolation de plus d'un membre du parlement britannique.

Dans ces armées, chacun vit comme il peut ; on ne fait de distribution de farine, de légumes et de sel qu'aux plus nécessiteux ; on donne des munitions à ceux qui en manquent. Lorsque le soir arrive, l'Arabe abandonne à son cheval le soin de chercher sa provende : pour lui, enveloppé de son haïk, il a le sol pour chevet, des figues de Barbarie pour nourriture, et l'eau de la source ou du ruisseau voisin pour se désaltérer. C'est à l'époque de la maturité des figues de Barbarie que se font les expéditions, c'est-à-dire depuis le mois de juillet jusqu'en novembre : alors l'Arabe est sûr de trouver partout sa subsistance et celle de son coursier.

L'on pense bien que l'art de la castramétation n'a pas fait de bien grands progrès dans les armées; comme elles se passent fort bien de magasins, d'approvisionnements, de distributions, d'intendants, d'agents comptables, de fournisseurs, etc., elles se passent aussi de ces reconnaissances, de ces grand'gardes, postes avancés, mots d'ordre et de ralliement, et de toutes ces soucieuses précautions dont nous usons pour garder nos positions militaires; les Arabes, en fidèles Musulmans, se reposent de ce soin sur la fatalité, sur quelques vedettes et sur la promptitude de leurs chevaux; car, dans les surprises, la fuite est immédiate et rapide; ils ne songent jamais alors à la défense.

Bien entendu qu'il n'y a point de solde : les têtes coupées que l'on paye et l'espoir du pillage en tiennent lieu.

Toute la stratégie des Arabes consiste à se retirer devant nos troupes lorsqu'elles avancent, faisant feu de leurs longs fusils à de grandes distances, et se tenant toujours hors de portée; à mesure qu'ils se replient devant nos têtes de colonne, ils grossissent leurs rangs des hommes des tribus voisines; toute la population fuit à notre approche, emportant avec elle tout ce qu'elle possède, c'est-à-dire ses vivres et son mince mobilier; les troupeaux sont à l'avance mis en lieu de sûreté.

Si dans la campagne il se présente quelques broussailles, l'Arabe ne manque pas d'y prendre position; il faut le débusquer : alors il disparaît avec la rapidité de l'éclair, et lorsque la colonne se déploie pour se mettre en bataille après avoir passé le défilé, on ne voit plus l'ennemi dans aucune direction.

C'est au moment de la retraite que commencent les chances de combat. A peine le signal est-il donné, que les Arabes attaquent en tête, en queue et en flanc; c'est alors que, sous peine d'éprouver un désastre, il faut marcher en bon ordre; les Bédouins ne forment plus de masses, chacun combat pour son propre compte, et notre cavalerie est obligée de rompre ses escadrons, ses pelotons et de charger en fourrageurs. L'artillerie de montagne ou de campagne joue un grand rôle dans les occasions, et elle tient partout l'ennemi en respect.

Tout homme qui s'écarte de la colonne est perdu sans ressources. Les Arabes coupent les têtes avec une étonnante dextérité; le yatagan sert à cette opération qui est faite en un moment : la tête n'est pas tranchée, elle est séparée par un procédé plus expéditif que nous répugnons à décrire, et cet affreux trophée est promené en triomphe dans la tribu et suspendu à la porte du vainqueur.

Nos zouaves, nos spahis, les soldats des bataillons d'Afrique et quelques-uns de ceux de la ligne, usent quelquefois de représailles : l'on a même vu un jeune officier, que nous nous dispenserons de nommer, mais qui est bien connu à l'armée par son intrépidité, rejoindre son escadron sur le champ de bataille avec deux têtes sanglantes qu'il venait de couper, suspendues à ses étriers.

Les Arabes emportent toujours, au moins autant qu'ils le peuvent, leurs morts ; c'est un devoir sacré pour eux de leur donner la sépulture; les blessés sont enlevés à bras et posés sur des chevaux ou des mulets; mais combien le sort de ces malheureux doit être affreux! quels soulagements peuvent-ils trouver à leurs maux dans les secours d'une vaine et stérile pitié? Il n'existe pas de chirurgiens, les soins sont donnés par de vieilles femmes. Des simples et des lotions, voilà leurs recettes; personne n'est capable de faire l'extraction d'une balle, si elle est engagée dans une position un peu difficile : aussi la moindre blessure nécessite bientôt l'amputation; et comment cette opération est-elle faite? Il faut bien avouer qu'un peuple qui ose affronter ainsi, sans espoir de secours et de soulagement, les chances des combats, doit être doué d'une force d'âme peu commune; s'il n'a pas notre science militaire, s'il ne connaît ni discipline, ni tactique, nous devons en convenir, le cœur de l'Arabe est armé d'austères vertus : le courage, la sobriété, l'amour de l'indépendance et une admirable résignation.

Mais ces grandes qualités sont obscurcies par des mœurs atroces, par un esprit de cruauté qui ne connaît ni la pitié, ni le remords, ni le pardon ; par une insatiable avidité de l'or qu'ils ne convoitent que pour l'enfouir ; aussi la générosité est la première vertu de l'Arabe : c'est celle qu'il estime le plus, parce qu'elle est plus rare, et ces hommes rapaces exaltent la main ouverte, symbole de la libéralité. Leur patriotisme est circonscrit dans l'enceinte de leur tribu ; tout voisin est hostile, et ils ne connaissent rien au delà, si ce n'est les noms presque fantastiques de Stamboul et d'Ek-Mekiah.

Dans quel cercle d'idées peut rouler leur imagination ? Dans leur profonde ignorance, ils ne peuvent se faire la moindre idée de la supériorité de nos arts, de nos jouissances sociales, de nos lois, de nos institutions, de la splendeur de nos villes, de notre puissance ; seulement ils reconnaissent celle de nos armes pour l'avoir souvent éprouvée : et pourtant ce peuple est enthousiaste et poëte, il puise dans les solitudes, où il erre avec ses troupeaux, le penchant à la méditation, et les belles scènes de la nature qui se déroulent à ses yeux devraient élever sa pensée et adoucir l'esprit de vengeance et de cruauté ; leurs sauvages rapsodies chantent l'amour, la gloire et les héros, et le soir, réunis sous leurs tentes noires, il n'est pas rare de leur entendre célébrer les hauts faits de Napoléon, dont le grand nom retentit des sommets de l'Atlas jusqu'au milieu des oasis du désert.

Marine.

Il y a trois siècles, elle était égale à celle des plus redoutables puissances du globe, et quoique depuis ce temps elle n'ait fait que baisser, les Européens n'ont point cessé de la regarder comme terrible. Quand lord Exmouth détruisit sa flotte, leur flotte se composait de quatre frégates et quelques bricks ou goëlettes. Au combat de Navarin, deux de ces frégates avaient été envoyées au Grand-Turc. Lors du blocus, elles se présentèrent, mais inutilement, devant Alger; chassées par un brick français, elles se réfugièrent dans le port d'Alexandrie, où ceux qui les montaient préférèrent les vendre que de combattre.

Les corsaires algériens ne pouvant pas

prolonger leurs courses au-delà de deux mois, bien que le dey fût en paix avec certains Etats, cela ne l'empêchait pas de courir sur des bâtiments plus faibles qu'eux. Le moindre retard dans le tribut d'une puissance était une occasion de rupture, et tout cela se faisait sans déclaration de guerre aucune. Les corsaires arboraient à leur proue le pavillon de la puissance dont ils voulaient poursuivre les vaisseaux, et à l'arrivée du navire capturé, on procédait immédiatement à l'inventaire de ses marchandises et à la vente des esclaves. Le dey avait la moitié du tout; le reste était partagé en un très-grand nombre de parts.

Le capitaine a le nom de *ruis*. Un aga chargé de rendre compte de sa conduite est toujours à son bord. Les emplois de mousses sont remplis par des Bédouins ou des esclaves. Les Turcs sont très-ignorants navigateurs, et l'espoir du butin est le motif qui les détermine à monter sur les corsaires.

De l'administration de la justice.

La loi de Mahomet, le Coran était le seul code des Algériens. A côté d'elle venait la volonté du souverain qui était toute-puissante. Le principal juge était le cadi, puis le mufti, l'aga, dont les sentences étaient exécutées sur-le-champ.

Les marins étaient justiciables du ministère de la marine; les Juifs l'étaient de leurs rabbins, pour ce qui se passait entre eux; mais leurs fautes contre l'Etat étaient jugées par un Musulman.

Tous les étrangers résidant à Alger étaient jugés par le consul de leur nation, sans que qui que ce soit, pas même le dey, eût le droit de se mêler de l'affaire.

Les coutumes plutôt que les lois algériennes, en matière de justice, étaient extrêmement sévères; pour la moindre faute on donnait la bastonnade jusqu'à faire mourir le patient. Les condamnés à mort étaient décapités, pendus, empalés, brûlés vifs, ou jetés sur de grands crochets de fer qui sont encore à la porte de Bab-Azoun.

Les voleurs pris en flagrant délit avaient la main droite coupée ; ensuite on la leur pendait au cou, et, les plaçant sur un âne la face tournée du côté de la queue, on les promenait ainsi dans les faubourgs et toutes les rues de la ville.

Quand un juge était prévenu de prévarication, le dey lui faisait trancher la tête sur-le-champ ; cependant cela ne les empêchait pas de manquer à la justice.

Les corps de garde établis à Alger pour la sûreté de la ville offraient la circonstance la plus remarquable. Bien loin que cette garde fût onéreuse à l'Etat, elle payait au dey un tribut annuel pour ce privilége. Tout le corps était responsable des vols et payait sur-le-champ une indemnité à ceux qui avaient leur poste devant la maison où le délit avait été commis. Aussi les vols y étaient-ils extrêmement rares.

CHAPITRE XVI.

DES REVENUS DE LA RÉGENCE ET DE CELUI DU DEY.

Dans le chapitre où il a été traité des mœurs et usages, nous avons dit que la population n'était sujette à aucun recensement et que les percepteurs avaient pour toute tenue de compte un sabre. Eh bien, malgré cela, les revenus sont considérables, et on va le voir par la citation des différentes sources que nous allons indiquer :

1º Argent venant de l'étranger ; tributs, cadeaux ordinaires et extraordinaires des puissances européennes ; redevances des compagnies étrangères.

2º Envoi des beys ou gouverneurs des provinces pour le dey, les beys d'Oran, de Constantine; du bey du Sud; envoi des Caïds.

3° Impôts directs sur les personnes, subdivisés en impôts sur les Juifs comme nation; impôts sur les Maures, Juifs Koulouglis.

Impôt par tête d'animal.
— Sur les boutiques, jardins; proportionné à la superficie du terrain que l'on met en valeur.

4° Produit des douanes, c'est-à-dire: droits sur les marchandises importées; droits sur les marchandises exportées; droits sur les marchandises qui entrent au marché; droits sur tout navire qui entre dans les ports de la Régence.

5° Monopoles énormes sur le sel, le blé, le bétail, la laine, l'huile.

6° Casuel, avaries, amendes, héritages des décédés.

7° *Piraterie*, prises faites sur les vaisseaux. On n'a jamais pu savoir le véritable chiffre de ces revenus.

Outre ce revenu, qui est celui de l'État, le dey se forme un trésor particulier qu'il grossit indéfiniment, et dont il n'est point rare que le contenu surpasse celui du trésor public. Le dey ferait plutôt périr cent mille hommes, que d'y prendre une obole.

CHAPITRE XVII.

COLONISATION.

Nous avons écrit notre livre au moment où les différents moyens de colonisation employés jusqu'ici étaient le sujet de la plus vive discussion. Espérons que les débats provoqués par une question aussi importante auront pour résultat l'adoption d'une administration franche et profitable aux civilisateurs comme aux civilisés. L'Afrique est trop près de l'Europe pour retomber dans une barbarie dont sont même délivrés les peuples les plus éloignés.

Surtout si l'on songe qu'au delà de ces monts qui bornent notre conquête règne une barbarie plus affreuse. encore

Au reste, la question est grave ; ce n'est pas seulement de civiliser qu'il s'agit, mais de se défendre même, car à plusieurs reprises l'Europe a été menacée d'une ruine totale par les Arabes. Ne doit-elle pas à Charlemagne de n'être point musulmane ? A toutes les époques nous trouvons la France libératrice ; à elle appartient de continuer son œuvre.

Mais comment la continuer d'une manière digne d'elle-même et du monde ? voilà ce qu'il est permis de se demander. Et puisque notre travail vient opportunément, montrons ce que nous sommes, et disons qu'au christianisme, à la foi appartiennent maintenant la gloire de conquérir ce que l'argent et les armes n'ont pu faire.

Maintenant que le premier pas est fait, soyons fermes sans fureur, travaillons pour conquérir des âmes et non des arpents de terre, ou plutôt préférons l'un à l'autre, pour réunir ensuite deux avantages. Nous avons vu avec orgueil le drapeau français couronner l'Atlas ; plantons-y la croix, et les Berbères si cruels, si exacts conservateurs de leur état barbare, finiront par s'incliner devant ce signe révéré.

Que les autres nations s'associent à nous. Toutes peuvent y contribuer. Non-seulement la Régence, mais l'intérieur de l'Afrique même seront une source de richesse; les Français auront eu la gloire d'en ouvrir les portes, et ils trouveront dans les impôts un dédommagement à leurs dépenses et à leurs sacrifices. Pourquoi ne formeroit-on pas un congrès européen où toutes les puissances enverraient des ambassadeurs qui aviseraient aux moyens d'arracher à la barbarie une des plus belles parties du monde, en liant entre eux tous les peuples de l'Europe, et en posant ainsi les premières bases de cette grande famille universelle qui doit unir les hommes.

Un écrivain proposait de confier la Régence à une grande compagnie établie sur le modèle de celle des Indes; mais Alger est trop près de nous pour cela. On a reproché aux Français de ne savoir point coloniser, et des faits établis prouvent que toutes leurs possessions sont mieux administrées qu'aucune autre. Il est constant que les blés d'Afrique seraient d'une qualité qui les ferait préférer à d'autres ; l'exportation des laines algériennes, dans leur état actuel, est déjà un des objets les plus importants du commerce extérieur.

Les moutons valent trente sous sur les marchés d'Alger, et les bœufs trente-cinq francs. J'ai déjà dit avec quelle habileté les Algériens savaient préparer les peaux ; enfin il y a dans ce pays une infinité de bonnes productions jusqu'ici négligées. Les chevaux peuvent y prendre les plus belles formes ; l'olivier croît naturellement sur presque toute la surface de la régence ; la cire était exportée pour plus de 300,000 fr.

Les environs d'Alger sont couverts de fleurs ; les abeilles s'y multiplient d'une manière prodigieuse ; la terre est très-favorable à la culture du mûrier ; nous pouvons retirer de la régence le plomb que nous achetons tous les ans à la Grande-Bretagne pour une valeur de sept millions. La province d'Oran serait très-favorable au sucre et au café ; le tabac d'Alger ressemble à celui de l'Asie Mineure ; le chanvre, le lin, ne peuvent manquer d'y prospérer.

Les Mahométans, qui ne boivent pas de vin, ne cultivaient la vigne que pour son fruit. Nous pourrions enfin, avant dix ans, faire de l'Algérie le grenier, la cave et l'écurie de la France.

De Paris à Alger.

Dix jours suffisent pour se rendre de Paris à Alger.

Six jours pour aller de Paris à Marseille ou Toulon, un jour de repos avant de s'embarquer, et trois jours pour faire la traversée.

Si on prend la malle-poste, on gagne vingt-quatre heures.

DÉPENSES.

	fr.	c.
Malle-poste de Paris à Lyon.	92	15
De Lyon à Marseille. . . .	67	»
Repas en route et séjour dans les hôtels.	50	»
Traversée et nourriture à bord.	60	»
Frais de bagages.	20	»
	299	15

En prenant la diligence, le voyage ne coûte que 200 francs.

La distance de Paris à Alger est de quatre cent six lieues.

LETTRE

ÉCRITE PAR LE BEY DE TRIPOLI

Au dey d'Alger,

LE 24 DEL-KEADI 1245 (17 MAI 1830).

Cette lettre a été trouvée dans le cabinet du dey d'Alger, dans la Casauba.

Louanges à Dieu ! Puissent ses bénédictions s'étendre sur la plus parfaite des créatures, la lumière qui dissipe les ténèbres, le prophète après lequel il ne viendra plus de prophètes ; notre seigneur Mahomet, sa famille et ses compagnons !

Que Dieu conserve le souverain fort, victorieux sur terre et sur les mers, dont la puissance est redoutée de toutes les nations au point de les remplir de terreur, le chef des guerriers qui combattent pour la foi, celui qui retrace les vertus des califes, dont le génie est élevé et l'aspect gracieux, notre frère Sidi-Hussein, pacha d'Alger *la bien gardée* et le séjour des ennemis des infidèles! L'assistance de Dieu soit toujours avec lui! Que la victoire et la prospérité guident ses pas!

Après vous avoir offert nos salutations les plus sincères et les plus parfaites (que la miséricorde de Dieu et ses bénédictions vous visitent soir et matin), nous avons l'honneur de vous exposer que nous sommes, et Dieu en soit loué! dans une situation satisfaisante, et que nous demeurons fidèles aux sentiments d'amitié et d'affection qui depuis longtemps ont uni d'une manière si étroite, en toutes circonstances, les souverains des deux oudjacks d'Alger et de Tripoli, sentiments dont nous ne nous écarterons jamais.

Votre réponse nous est arrivée; nous en avons rompu le cachet, et nous avons lu les bonnes nouvelles que vous nous y donnez relativement à votre personne. Vous nous informez aussi qu'il était arrivé à votre connaissance que nous faisions des préparatifs sur terre et sur mer, et que nous nous disposions à marcher à la rencontre du maître des pachalicks de l'Orient. Votre Excellence s'en étonne et nous demande de lui expliquer cette circonstance, non pas d'une manière succincte, mais avec détails.

Avant la lettre que nous écrivons aujourd'hui, vous savez que nous vous en avons écrit une autre, dans laquelle nous vous faisions connaître que les nouvelles qui ont donné lieu à nos préparatifs étaient venues de tous côtés; qu'elles se trouvaient dans les journaux reçus par les consuls (et elles sont assez justifiées par l'événement); que les Français, ces ennemis de Dieu, étaient, disait-on, les instigateurs de Méhémet-Ali dans cette affaire; qu'ils l'avaient excité à s'emparer des pachalicks de l'Occident, lui avaient persuadé que les chemins étaient faciles, lui avaient promis de l'aider à accomplir les projets d'indépendance qu'il poursuit, et à devenir roi de toute l'Afrique des Arabes; qu'ils s'étaient engagés à l'appuyer par l'envoi d'une expédition qui irait mettre son fils, Ibrahim-Pacha, en possession d'Alger.

Eh bien! lorsque nous avons eu connaissance de ces nouvelles, nous avons levé et équipé des troupes, et préparé tout ce qui est nécessaire pour faire la guerre. Nous avons en même temps envoyé aux habitants de toutes les parties de notre oudjack l'ordre de se tenir prêts à entrer en campagne et d'être bien sur leurs gardes.

Maintenant, si Dieu permet que Méhémet-Ali se présente, nous le recevrons à la tête de nos troupes, sans sortir toutefois des limites de nos possessions, et nous le ferons repentir de son entreprise. S'il plaît à Dieu, il retournera sur ses pas avec la honte de la défaite. Avec la grâce du Tout-Puissant, nous lui donnerons le salaire qu'il mérite par sa conduite. Les trames perfides tournent toujours contre ceux qui les ourdissent.

Ce n'est pas que nous ne fussions contents que Méhémet-Ali, se bornant à ses Etats, renonçât à ses projets de porter la guerre dans les nôtres, car nous n'avons rien de plus à cœur que d'épargner le sang des Musulmans et de voir l'islamisme dans une paix complète. La guerre entre fidèles est un feu, et celui qui l'allume est du nombre des misérables.

Si Votre Seigneurie désire avoir des nouvelles concernant notre personne, nous lui dirons que nous avons été fort ennuyés et fort affligés en apprenant que les Français (que Dieu fasse échouer leur entreprise!) rassemblaient leurs troupes et allaient se diriger contre votre oudjack. Nous n'avons cessé d'en avoir l'esprit en peine et l'âme triste, jusqu'à ce qu'enfin, ayant eu un entretien avec un saint de ceux qui savent découvrir les choses les plus secrètes, et celui-là a fait en ce genre des miracles évidents qu'il serait inutile de manifester, je le consultai à votre sujet; il me donna une réponse favorable qui, je l'espère de la grâce de Dieu, sera plus vraie que ce que le ciseau grave sur la pierre. Sa réponse a été que les Français (que Dieu les extermine!) s'en retourneraient sans avoir obtenu aucun succès. Soyez donc libre d'inquiétude et de soucis, et ne craignez, avec l'assistance de Dieu, ni malheur, ni revers, ni souillure, ni violence. Comment, d'ailleurs, craindriez-vous? n'êtes-vous pas de ceux que Dieu a distingués des autres par les avantages qu'il leur a accordés? Vos légions sont nombreuses et n'ont point été rompues par le choc des ennemis; vos guerriers portent des lances qui frappent des coups redoutables, et qui sont renommés dans les contrées de l'Orient et de l'Occident. Votre cause est en même temps toute sacrée; vous ne combattrez ni pour faire des profits, ni dans la vue d'aucun avantage temporel, mais uniquement pour faire régner la volonté de Dieu et sa parole.

Quant à nous, nous ne sommes pas assez puissants pour vous envoyer des secours; nous ne pouvons vous aider que par de bonnes prières, que nous et nos sujets adressons à Dieu dans les mosquées. Nous nous recommandons aussi aux vôtres dans tous les instants. Dieu les exaucera par l'intercession du plus généreux des intercesseurs et du plus grand des prophètes.

Nous demandons à Votre Seigneurie de nous instruire de tout ce qui arrivera; nous en attendons des nouvelles avec la plus vive impatience. Vous nous obligerez de nous faire connaître tout ce qui intéressera Votre Seigneurie. Vivez éternellement en bien, santé et satisfaction. Salut.

Yousef, fils d'Ali, pacha de Tripoli. Dieu lui accorde sa grâce et son secours. Ainsi soit-il.

Le 24 de del-keadi de l'an 1215.

— FIN. —

TABLE

Des Chapitres.

	Pages.
INTRODUCTION.	V
Expédition de 1830, et des motifs qui l'ont provoquée.	1
Géographie. — Aspect général du pays. — Climat. — Végétation. — Géologie. — Météorologie.	15
Histoire naturelle. — Animaux. — Poissons. — Mammifères. — Animaux féroces. — Animaux domestiques.	26
L'homme : sept races différentes. — Maladies. — Etat ancien.	35
Les Ruines.	75
Eglises d'Afrique.	84
Piraterie.	95
Esclavage.	111
Les prisonniers d'Abd-el-Kader.	122

	Pages.
Alger. — Description de cette ville.	154
Divisions de la régence.—Environs d'Alger.	175
Provinces. — Routes.— Villes principales.	181
Gouvernement de la Régence d'Alger.	195
Maison du Dey.	199
Revenus.	220
Colonisation.	222
Lettre du Bey de Tripoli.	228

www.ingramcontent.com/pod-product-compliance
Lightning Source LLC
Chambersburg PA
CBHW060130170426
43198CB00010B/1109